이군현의 교육 이야기

소년 노동자, 카이스트 교수를 넘어

한 사람의 삶이, 교육의 희망이 되다

이군현 지음

남편 | 이 군 현 李 君 賢

지은이는 초등학교 졸업 후 청계천 피복 공장에서 소년 노동자로 일하며 가난한 어린 시절을 보냈다. 그러나, 역경 속에서도 배움의 의지를 굽히지 않고 검정고시를 거쳐 대경상업고와 중앙대를 졸업한 뒤 교단에 올랐다. 전액 장학생으로 미국으로 건너가 Kansas State University에서 교육행정학 박사 학위를 취득한 뒤, 국가 연구기관과 한국과학기술원KAIST 교수 및 인문사회과학부 학부장을 역임했고, 중앙대학교 교수로도 활동하며 교육 전문가로서의 경륜을 쌓았다.

40만 교원을 대표하는 한국교총 회장, 그리고 제17·18·19·20대 4선 국회의원으로서 교육위원회 간사, 정책조정위원장, 예결특위 위원장 등을 역임하며 중대한 개혁을 주도해 교육 현장의 변화를 앞당겼다. 소년 노동자에서 교사, 교수, 교총 회장, 국회의원에 이르기까지, 그의 삶은 곧 한국 교육의 역사이자 혁신의 여정이다.

이군현의 교육 이야기

소년 노동자, 카이스트 교수를 넘어
한 사람의 삶이, 교육의 희망이 되다

2025년 9월 12일 초판 1쇄 인쇄
2025년 9월 19일 초판 1쇄 발행

지은이 ▪ 이군현
펴낸이 ▪ 정용국
펴낸곳 ▪ (주)신서원
주소: 서울시 노원구 동일로 207길 23 4층 413호
전화: (02)739-0222 팩스: (02)739-0224
등록: 제300-2011-123호(2011.7.4)
ISBN 978-89-7940-151-6 03370
값 20,000원

신서원은 부모의 서가에서 자녀의 책꽂이로
'대물림'할 수 있기를 바라며 책을 만들고 있습니다.
잘못된 책이 있으면 연락주세요.

이군현의 교육 이야기

소년 노동자, 카이스트 교수를 넘어

꿈과 용기를 잃지 않은 평화시장 12살 소년 노동자 이야기

한 사람의 삶이, 교육의 희망이 되다

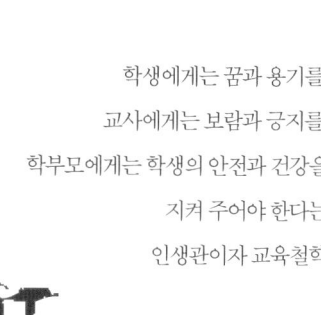

이군현 지음

학생에게는 꿈과 용기를,
교사에게는 보람과 긍지를,
학부모에게는 학생의 안전과 건강을
지켜 주어야 한다는
인생관이자 교육 철학

신서원

학생에게는 꿈과 용기를,
교사에게는 보람과 긍지를,
학부모에게는 학생의 안전과 건강을
지켜 주어야 한다는
인생관이자 교육철학

필자는 미국 유학을 떠나기 전에 중학교와 고등학교에서 영어 교사로 몇 해 동안 근무하였다. 미국에서는 교육행정학 분야로 석사와 박사학위Ph. D.를 취득하였다. 유학 기간에는 미국 캔자스주에 있는 Thomas More Prep School(6학년~12학년 중고등학교)에서 6개월 과정인 교장 Intern 과정Practicum: Principal Internship을 수료하였다. 귀국 후에는 국책 교육연구기관인 KEDI한국교육개발원에서 교육정책 연구실장으로 근무하였다. 그 후 이공계 최고의 대학인 KAIST에서 20여 년 가까이 교수로 재직하였다.

교수 재직 기간 동안 우수한 과학기술 인재 육성이 국가 경제 성장 발전에 얼마나 중요한 부분인지 지켜보았다. 그리고 교수 재직 중에는 한국교원단체 총연합회장직도 수행하면서 유치원부터 대학에 이르기까지 수많은 교원과 교육의 문제를 논의해 보는 값진 경험도 했다. 또한 국회 4선 의원(17대~20대)으로서 주로 교육위에서 활동하였으며, 국회예결위원장, 교육개혁 특위위원장, 사무총장 등의 경험을 통해 국가 차원에서 교육 전체를 보는 눈, 더 나아가 세계를 보는 눈과 다양한 국정 경험을 축적할 수 있었다.

이 책은 비록 인생의 출발은 참으로 가난과 시련의 연속이었지만 꿈과 용기를 잃지 않은 평화시장 12살 소년 노동자의 이야기도 담겨 있다. 소년은 평화시장 직공 생활을 통해 힘겹게 살아가는 서민들의 애환을 함께 하는 귀한 체험도 해 보았다. 타고난 재주가 많이 부족하지만 그래도 좌절하지 않고 검정고시와 상업고등학교를 거쳐 학업을 이어갈 수 있는, 축복도 누렸다.

　학생에게는 꿈과 용기를, 교사에게는 보람과 긍지를, 학부모에게는 학생의 안전과 건강을 지켜 주어야 한다는 것이 필자의 인생관이자 교육철학이다. 이번에 출간하는 이 책은 이러한 국내·외의 다양한 경험과 삶의 실체적 체험 그리고 그동안 이미 투고했던 원고 또는 집필했던 책들(『역경은 축복이다』, 『제4차 산업혁명과 한국교육의 미래』, 『교육행정과 경영』 등)의 원고 등을 바탕으로 재구성하여 미래 대한민국 교육의 나아갈 바를 전체적으로 새롭게 통찰해 보고자 하는 간절한 소망을 담아보았다.

2025년 9월

이군현

차례

2부 더 넓고 깊은 지식과 경험의 세계를 꿈꾸다

3부 미래 경남 교육을 위한 제언

소년 노동자, ✳————————————

카이스트 교수를 넘어 ✳——————————————

1부

역경은 축복이다

"가난 때문에 세상 경험을 일찍 할 수 있었고,
몸이 약해 건강에 더 힘쓰며 노년에도 건강을 유지할 수 있었으며,
초등학교 중퇴라 배움에 목말라 더 많이 노력할 수 있었다."

마쓰시타 고노스케 (일본 경영의 신, 마쓰시타 그룹 창업자)

개인의 역경은 단순한 불운이 아니라
배움의 기회이자 성장의 자양분이다.
교육 역시 마찬가지다.
어려움 속에서 배움을 갈망하는 힘이 생기고,
이는 결국 더 큰 성취로 이어진다.

청계천 평화시장의 기억

내가 초등학교 5학년 때 우리 집은 시골에서 서울로 이사했다. 서울살이는 생각보다 훨씬 고단했다. 어머니와 아버지는 통영에 계실 때보다 더 일찍 집을 나서고, 더 늦게 돌아왔지만, 형편은 더 나빠졌다. 아이였던 나는 그 이유를 이해할 수 없어 혼란스러웠고, 집안엔 점점 침묵과 한숨이 늘어갔다.

우리 가족이 낭비하는 것도 아니었다. 그때는 먹는 거나 입는 것은 기본이고, 생활에 필요한 모든 것을 아끼고 아끼던 시절이라 낭비라곤 상상도 할 수 없었다. 이런 사실을 너무도 잘 알고 있는 나는 초등학교 졸업을 앞두고 기로에 섰다. 친구들은 중학교 입학시험 때문에 공부하느라 여념이 없는데, 우리 집 식구들은 마치 약속이나 한 듯 중학교 시험과 관련된 이야기를 꺼내지 않았다.

나도 중학교에 가고 싶었다. 부모님도 그걸 누구보다 바라셨다. 하지만 그건 우리 모두가 가슴속으로만 품고 있던 소망이었고, 결국 아무 말 없이 흘러가버린 꿈이었다. 그렇게 내 첫 번째 진학의 기회는 말조차 꺼내지 못한 채 사라졌다. 중학교 입학을 앞둔 무렵 우리 집은 둘째 형님이 시골에서 중학교를 마치고 올라와 장학생으로 상업고등학교에 다니고 있었고, 내 밑으로는 네 명의 동생들이 초등학교에 다니거나 입학을 앞두고 있었다. 만약 내가 중학교에 간다면 학생만 여섯이 되는 셈이었다. 그것은 내가 생각해도 무리였다. 형편이 어려워 중학교에 못 갈지 모른다는 생각이 들면 들수록 나는 막막했다. 형편 때문에 중학교에 가지 못한다는 것을 이해할 수는 있었지만, 중학교에 가지 않는 대신 무엇을 해야 할지를 생각할 정도로 어른은 아니었던 것이다. 그러던 어느 날이었다. 저녁상을 물리고 나자, 아버지는 나와 바로 위의 누님을 작은 방으로 불렀다. 아버지의 표정은 평소보다 어두웠다.

"형편이 좋았으면 기선이는 서울 오자마자 중학교에 갔을 거고, 군현이도 올해 중학교에 가야 할 긴데. 그라질 몬해 미안테이."

아버지의 말씀에 나와 누님은 아무 말도 하지 못했다. 이렇게 해서 나는 열두 살에 평화시장 안에 있는 공장 중 한 곳의 직공으로 사회 첫발을 내디뎠다. 내가 일하게 된 공장은 '영미사'로 신사복을 전문으로 만드는 곳이었다. 약 스무 명 정도가 함께 일했는데 미싱공과 재단공이 10여 명 있었고, 그 밑에 10여 명의 보조공이 배치되었다. 그곳에서 미싱공과 재단공은 '오야'로, 그 아래 보조공은 '시다'로 통했다. 나는 시다들 중에서도 가장 나이가 어려 이름보다 '꼬마'로 불렸다. 내 오야는 미싱을 담당하는 누나였다. 나는 누나를 도와 재단사형이 재단해 놓은 천을 누나가 박기 쉬운 위치에 나르는 일부터 시작해 완성된 옷에 단추를 다는 일, 실밥을 깨끗이 정리하는 일 등 기본적인 것부터 배워나갔다.

공장에는 인정이 넘쳤다. 그곳에서 일하는 이들은 대부분 나와 비슷한 처지에 있었으므로 굳이 말하지 않아도 서로가 어떤 환경에 있는지, 어떤 아픔이 있는지 알기 때문에 말로는 설명할 수 없는 동지의식이 흘렀다. 특히 내 사수 격인 누나는 나를 동생처럼 대해줬다. 바쁜 와중에도 나에게 일을 제대로 가르쳐주려 애썼고 내가 실수하면 혼부터 내기보다는 무엇을 잘못했는지 알려주었다. 그뿐만 아니라 내가 도시락을 싸 가지 못한 날은 누나 것을 덜어주었고, 그런 날은 간식으로 떡을 사주곤 했다. 그 누나 덕분에 나는 영미사에 보다 쉽게 적응할 수 있었다.

달동네 2세들의 출발점

영미사에서 일하며 나는 우리나라의 경제 성장을 몸으로 느낄 수 있었다. 내가 영미사에서 일을 시작한 것이 1964년, 평화시장이 막 발전하기 시작할 때였다. 나는 일감이 하루가 다르게 늘어나는 것을 보고 평화시장 전체의 변화를 감지할 수 있었고, 더 나아가 우리나라 경제가 살아나고 있음을 느낄 수 있었다.

영미사에서 나는 양복 만드는 것만 배운 게 아니라 평화시장의 역사도 배울 수 있었다. 청계천에 평화시장이 생기게 된 데는 나름의 역사가 있다. 평화시장이 생긴 것은 1961년경으로 생각된다. 평화시장이 들어선 청계천 변에는 전쟁 이후 피난민들이 무허가 판잣집을 지었는데, 지하는 옷을 만드는 공장으로, 지상은 옷을 파는 가게로 이용됐다. 한데 그곳에 큰불이 나자, 정부는 이를 계기로 무허가 판잣집을 철거하면서 청계천을 복원했고, 그 자리에 실향민들이 주축이 되어 평화시장을 만든 것이다. '평화'라는 이름에는 전쟁으로 실향민이 된 그들의 아픔과 바람이 담겨 있다.

초반의 평화시장은 매장에 재봉틀 한두 대 놓고 주인이 직접 옷을 만들어 팔거나 미군 부대에서 흘러나오는 군복을 염색해 파는 일이 주 업무였다. 그때까지만 해도 우리나라는 여전히 물자가 부족했다. 하지만 1962년 경제 개발 5개년 계획이 시작되고 경제 성장에 시동이 걸리면서 의류 산업은 급속도로 발달하기 시작했다. 그때를 기점으로 한복은 서서히 자취를 감추고 기성복이 대중화되면서, 전국 각지에 옷 만드는 공장이 대거 들어섰다. 평화시장은 바로 그런 변화의 중심에 서 있었다. 장사가 잘되면서 평화시장 내에는 봉제 공장들이 빽빽이 들어서게 되었고, 그것도 모자라 1층에서 시작된 매장이 2층으로, 그리고 3층으로 확대되었다.

당연히 일손이 많이 필요했으므로 평화시장은 당시 숱한 젊은이들의 삶의 출발짐이 되었다. 특히 나처럼 시골에서 서울로 올라와 달동네에 둥지를 튼 달동네 2세들에게 평화시장은 꿈의 터전이었다. 부모님을 도와 일해야 하는 현실에서 쉽게 일자리를 얻을 수 있을 뿐 아니라, 또 '학교에서 배우지는 못해도 기술을 배운다.'라는 생각으로 자신을 위안하는 꿈의 터전 말이다. 하지만 경제 성장이 유일한 사회의 목표가 된 그 시절엔 일하는 환경이 너무 열악했다.

내가 일하는 영미사도 시류를 비껴갈 수는 없었다. 입사 후 일이 점점 늘어나는 바람에, 나는 도시락 두 개를 들고 출근해 오전 7~8시경부터 밤 10시까지 때로는 자정이 다 될 때까지 일해야 했다. 일감이 밀리면 10시가 넘어서까지 일해야 했으므로 전차가 끊기는 날이 많았다. 그러면 어두운 밤길을 걸어 통금 시간이 다 되어서야 겨우 집에 도착해 눈을 붙일 수 있었다. 영미사에 다니는 시다들은 모두 꿈이 있었다. 그것은 하루빨리 기술을 배워 '오야'가 되는 것이었다. 그런 희망이 있기에 어려움을 견딜 수 있었다. 그런데 나에게는 좀처럼 그런 희망이 생기지 않았다. 다만 나를 지탱해주는 힘은 내가 가족을 위해 뭔가를 하고 있다는 보람이었다. 당시 내 월급은 고작 3백 원에 불과했다.

나는 집에 더 많은 도움이 되도록 용돈을 줄이기 위해 가능한 한 전차를 타지 않고 뛰어다녔다. 때로는 막차가 끊겨 동대문에서 인왕산 꼭대기까지 걸어 다닐 때도 많았다. 가는 길에 통금 시간이 지났다 하여 종로파출소에 여러 번 잡힌 적도 있었다. 어두운 밤길을 달려 집으로 가며 나는 이런 생각을 했다.

'언젠가는 이곳을 떠나야지.'

'떠날 거면 가능한 한 빨리 떠나는 게 좋다.'

언젠가는 평화시장을 떠난다는 희망. 그것이 나에게는 유일한 바람이었다. 그런 희망이 있었기에 청계천 어두운 골목길을 오가면서도 내 마음은 항상 밝았다.

아버지의 눈물

내가 대학 때 공부를 열심히 했던 것은 비단 장학금을 받고자 하는 마음 때문만은 아니었다. 그 외에도 여러 가지 이유가 있었는데, 우선 전공 수업은 나의 지적인 욕구를 충족시키기에 충분했다. 특히 내 마음을 사로잡은 것은 영문학이었다.

나는 헤밍웨이를 좋아해 『노인과 바다』를 비롯한 그의 작품을 원서로 공부하는 수업이나 T. S. 엘리엇의 『황무지』를 비롯해 영미시 과목을 들었다. 또 버트런드 러셀의 『행복의 정복*The conquest of happiness*』을 원서로 읽기도 했다. 또 다른 이유는 좋은 성적을 받아 장학생이 되는 것이었는데, 그것이야말로 대학생으로서 부모님께 내가 할 수 있는 최선의 효도라고 생각했기 때문이다. 실제로 어머니와 아버지는 자식들이 공부를 잘해 상을 받을 때 가장 기뻐하셨다.

한번은 모교 총장이 산학 협동 장학생 5-6명의 부모들을 학교로 초청해 같이 식사하는 자리를 마련했는데, 그 자리에 나의 아버지도 초청되었다. 아버지는 행사 당일 아침부터 상기된 모습이었다.

"군현아, 몇 시까지 어디로 가면 된다 캤제? 아이고야, 늦지 않으려면 나도 빨리 준비해야겠데이."

"아네요, 아버지. 시간은 충분하니까 천천히 준비하셔도 돼요."

"아이다, 아이다. 내 목욕도 가야 하고 이발도 해야 하고, 할 일이 엄청 많데이."

총장의 부모 초청 행사에 참석했다가 돌아온 아버지께서는 이렇게 말씀하셨다.

"군현아, 오늘은 내가 세상에 태어나 최고로 기쁜 날이데이. 훌륭한 분들도 많이 만났고, 총장님이 아들 훌륭하게 키웠다며 맛난 것도 사주시고 용돈도 주시더라."

그 말씀을 하시며 아버지는 내 손을 꼭 잡으셨다. 아버지는 비록 배움은 짧았지만, 자식 여덟을 키우느라 억척같은 삶을 살아온 분이었다. 그 때문에 여간해선 눈물을 보이지 않는 분이었다. 하지만 그날 내 손을 꼭 쥔 아버지의 눈시울은 촉촉이 젖어 있었다.

"공부하느라, 과외하느라 힘들제? 부모가 돼 가지고 힘이 못 돼줘서 미안테이."

"……."

마음속에서는 '아버지, 이렇게 키워주셔서 감사합니다.'라는 말이 뱅뱅 돌았지만, 아무 말도 할 수 없었다.

그날 이후 아버지는 동네 사람들 앞에서 총장과 만난 일을 자랑삼아 말씀하셨는데, 아버지가 흐뭇해하는 모습이 보기 좋았다. 또, 그때 일을 돌아가시기 전까지도 아내에게까지 일생에 제일 흐뭇한 날이었다고 몇 차례 말씀하시는 걸 들으며 '부모의 자식 사랑이 바로 저런 것이구나' 하고 생각했다. 내가 아버지의 속 깊은 심정을 이해한 건 아주 훗날의 일이다.

누군가 나에게 살아오면서 가장 감명 깊은 순간이 언제냐고 물으면 나는 '첫아이를 품에 안은 순간'이라고 대답한다. 내 품에 처음 안긴 아이는 그 자체만으로 값진 선물이었다. 더욱이 큰아이가 태어난 곳은 한국이 아니라, 우리 부부가 미국에서 힘든 시간을 보내고 있을 때였다. 그래서 그런지 그 당시 아이의 따뜻한 체온을 느꼈을 때 나도 모르게 가슴이 뭉클했다. 나는 그때 아버지를 떠올렸다. 나는 아버지가 되어서야 아버지의 심정을 제대로 이해할 수 있었다.

그 후 나는 아내에게서 한 번 더 그런 눈물을 보게 되었다. 아들이 대학교 3학년 때 일이었다. 풀브라이트 장학재단에서 제너럴일렉트릭GE의 후원을 받아 매년 전국 이공계 대학 3, 4학년 중에서 우수한 학생을 뽑아 장학금을 주고 있었는데, 그해에 아들이 여섯 명 중 하나로 선정되었다. 장학금 수여식 행사에 다녀온 아내는 흥분을 가라앉히지 못하고 내게 말했다.

"여보, GE코리아 사장이 뭐라고 한 줄 알아요? 한국의 제일 우수한 인재일 뿐만 아니라, 세계적으로 우수한 인재라고 엄청 칭찬하더라고요. 저는 이번 장학금이 그렇게 의미 있는 줄 몰랐어요. 그리고 만약 졸업하고 GE에서 일하겠다면 세계 어느 기업보다 자부심을 느낄 수 있도록 기회를 제공해 주겠다고 했어요. 졸업 후 자기네 회사에 취직을 안 해도 좋은데, 만약에 오게 되면 최고의 긍지를 갖고 출발할 수 있도록 예우해 주겠다고 그러는 거예요. 그 자리에 서 있는 우리 아들이 얼마나 자랑스러운지, 정말 오늘은 감동이었어요. 당신도 오늘 우리 아들 모습을 봤어야 하는 건데⋯⋯."

나는 아내의 말을 들으며 그 옛날 아버지의 모습을 떠올렸다. 아버지는 말년에 자식들이 잘되는 모습을 지켜보는 것을 유일한 기쁨으로 생각하셨다. 제대로 뒷바라지도 못 해주었다고 못내 안타까워하시면서 말이다. 부모에게 자식은 모든 걸 다 주고 싶을 만큼 소중한 존재다. 그래서 부모는 자식에게 이미 모든 걸 다 주고 나서도 더 줄 것이 없는지 찾게 되는 모양이다.

핸디캡을 딛고

　나는 오른쪽 두 번째 손가락, 검지 한 마디가 없다. 초등학교에 들어가기도 전 시골에서 사촌 누나와 둘이 소에게 줄 여물을 자르다가 실수로 손가락까지 자르고 만 것이다. 어릴 적 일이라 그때 얼마나 아팠는지, 어떻게 상처를 치료했는지는 잘 기억나지 않는다. 다만 통영 시내에 있는 적십자 병원으로 치료 받으러 갔던 일이 어렴풋이 기억날 뿐이다. 자라면서 검지 한 마디가 없는 것이 불편하다고 느낀 적은 거의 없었다. 글씨를 쓸 때 조금 불편하긴 했지만 이내 익숙해졌고 그 외에도 생활하는 데 큰 지장은 없었다.

　손가락 한 마디 없는 게 불편하다고 느낀 것은 고등학교에 올라가 주판을 배울 때였다. 아이들은 엄지와 검지를 이용해 주판을 놨지만 나는 검지 대신 가운뎃손가락을 이용해야 했다. 그 때문에 다른 아이들보다 속도가 느렸다. 주판의 급이 올라갈수록 속도가 중요하므로 나는 친구들과 비교할 때 불리한 입장이었다. 2급 시험까지는 별 어려움 없이 합격했지만 그 후의 급을 따기가 쉽지 않았다. 고등학교를 졸업한 후 한동안 나는 두 번째 손가락 마디에 대해 잊고 지냈다. 아주 어려서부터 익숙해 있던 터라 역시 불편함을 느낄 일이 많지 않았기 때문이다.

그런데 생각지도 않은 곳에서 핸디캡이 작동하고 말았다. 나는 대학에서 ROTC를 지원하고 싶었다. 그것은 고3 때 총학생회장을 하면서 갖게 된 생각이었다. 고1 때 '김신조 간첩 사건'이 터지는 바람에 교련이 강화되어 무척 강도 높은 군사 훈련이 실시되었는데, 당시 총학생회장이었던 내가 학생 연대장이 되어 총지휘를 맡곤 했다.

그 기억 때문인지 나는 이왕 군대를 갈 거라면 장교로 가는 게 좋겠다고 생각하게 되었다. 그러나 ROTC에 지원하기 위해 학군단을 찾았을 때, 담당자는 고개를 저었다. 오른손잡이인 내게 오른손 검지 한 마디가 없다는 이유였다. 평소 생활에 아무 지장 없던 그 결손이, 장교의 길을 막는 절대적 조건이 될 줄은 미처 몰랐다. 순식간에 문 하나가 닫히는 소리를 들은 듯했다. 전혀 예상치 못한 답변에 나는 고등학교 시절 총학생회장을 지냈던 일, 그때 검지가 아니라 중지로 총 쏘는 훈련을 받은 일 등에 대해 상세히 말했다. 그래도 결과는 마찬가지였다.

"오른손 검지가 없으면 중지를 사용해도 되고, 다른 손가락으로 해도 되지 않나요? 사격은 힘으로 하는 게 아니잖아요."

아무리 항변해도 기준이 그렇기 때문에 안 된다는 말뿐이었다. 그 후로 한 번 더 찾아갔지만, 결과는 마찬가지였다. 결국 나는 ROTC를 포기하고 신체검사를 받아 방위병으로 군 생활을 하게 되었다. 훈련

병 때 사격에서 1등을 할 때마다 나는 ROTC가 되지 못한 것이 내내 아쉬웠다. 하지만 시간이 지나면서 생각이 달라졌다.

'팔 없는 이들도 있는데, 손가락 마디 하나 없는 것쯤이야…….'

손가락 한 마디가 없는 것을 아쉬워하기보다 손가락 한 마디만 없는 것을 다행으로 생각하며 사는 것이 훨씬 바람직하다는 걸 깨달은 것이다. 그 후 손가락 한 마디가 없는 것은 더 이상 핸디캡으로 작용하지 않았다. 아니, 오히려 그로 인해 좀 더 겸손해질 수 있었다. 나에게 주어진 조건과 환경에 감사하며 사는 것이 현명할뿐더러, 나보다 더 어려운 처지에 있는 사람을 생각할 줄 알게 되었기 때문이다.

역사는 꿈꾸는 자의 것이다

유학의 꿈을 안고 입학한 나는 대학 시절 내내 몇 권의 토플 책을 늘 끼고 다녔다. 당시에는 지금처럼 돈만 있으면 유학 갈 수 있는 때가 아니라, 문교부에서 실시하는 시험에 합격해야만 유학 갈 자격이 주어졌으므로, 나는 언제 있을지 모를 국비 유학생 시험에 대비했다.

유학 시험은 영어와 국사, 그리고 시사 문제 세 과목이었는데, 부담이 되는 것은 역시 영어였다. 문법은 혼자 공부한다 하더라도 당시 환경은 발음이나 청취력 공부를 하기에 아주 열악했다. 지금처럼 CD나 녹음기가 보편화되지 않았고, 외국인을 만날 가능성은 더더욱 적었기 때문이다. 그렇다고 발음이나 청취력 공부를 등한시할 수 없었으므로 나는 어떻게 해서든 기회를 만들려고 노력했다. 그리고 운 좋게도 미8군에서 미군들에게 무술을 가르치는 자리에 통역하는 아르바이트를 할 수 있었다. 그런 기회를 통해 나는 학과 공부나 토플 공부로 해결되지 않는 영어 실력을 쌓아나갈 수 있었다. 시험 준비를 하면서 유학 계획은 점점 구체화되었다. 우선 막연하게 더 넓고 큰 곳에 가서 공부하고 싶다는 생각에서 내가 하고자 하는 분야를 찾은 것이다.

내가 선택한 전공은 교육행정이었다. 당시 나는 '무엇이 되겠다.'라는 계획은 없었지만 '어떤 사람이 되겠다.'라는 생각만은 분명했다. 나는 우리나라가 발전하기 위해서는 교육이 바로 서야 한다는 생각을 갖고 있었고, 특히 인재들을 길러내는 것이 필요하다는 생각이 매우 컸다. 그러기 위해 내게 필요한 학문은 교육행정이 제격이었다. 교육행정을 선택하면서 나는 훗날 내가 50대쯤 되었을 때는 우리나라의 교육행정을 다루는 일을 해보아야겠다는 생각을 굳혔다.

그러던 중 1976년 군 복무를 마치고 돌아온 직후 첫 번째 기회가 찾아왔다. 당시 중앙대에는 시험을 통해 매년 한 명씩 선발해 유학을 보내주는 제도가 있었는데, 거기에 내가 뽑혔던 것이다. 그해 학교에서 지정한 대학은 필리핀 국립 마닐라대학이었고, 전공은 교육학이었다. 출국은 이듬해 6월이었다.

'내년이면 내가 드디어 유학생이 된다.'

생각만으로도 뿌듯한 나날들이었다. 하지만 기쁨도 잠시, 6월이 오기만을 기다리며 떠날 준비를 하다 보니 걸리는 게 한둘이 아니었다. 가장 걸리는 것이 네 명의 동생들이었다. 그때 이미 둘째 형님은 캐나다로 유학을 떠난 상황이어서 가장 역할을 해오던 나까지 떠나면 동생들 고생은 불을 보듯 뻔했다. 결국 나는 학교에 사정을 이야기하고 다른 사람에게 기회를 양보한 후 이듬해 3월 교사로 사회생활을 시작했다.

'그래. 직장에 다니면서 좀 더 경제적인 기반을 닦아 놓고 떠나자! 그리고 이왕이면 미국이나 영국 또는 캐나다로 가자.'

그런데 너무 머뭇거리다 보면 못 떠날 테니 서른 살까지는 떠나야 한다는 목표를 세웠다. 서른이 넘으면 도전할 용기가 줄어들 것 같아 스스로 정한 마지노선이었다.

갈치 두 마리, 담배 두 갑

　사범대학 졸업 후 처음으로 학생들을 가르친 곳이 마산 제일여자중학교였다. 마산에서의 생활은 그야말로 편안함 그 자체였다. 그것은 지방이 주는 안정감에서 비롯된 것이었다. 통영 바닷가 마을에서 태어나 나에게 마산은 고향 같은 푸근함을 주는 안식처였다. 그뿐만 아니라 학생들도 어릴 적 내 모습 그대로 순수하면서 배움에 대한 열정이 강해 가르치는 보람이 컸다. 그래서인지 부임 첫해에 가르쳤던 아이들은 지금도 기억에 생생하게 남아 있다. 그중에서도 평생 잊을 수 없는 학생이 바로 '윤선옥'이란 학생이다.

　부임하자마자 1학년 10반 담임을 맡았는데, 학기 초부터 유독 한 학생이 눈에 띄었다. 처음 눈길이 간 것은 그 아이의 손이었다. 그날은 수업을 마치기 전 쪽지 시험을 보고 있었다. 나는 교실 안을 왔다 갔다 하면서 영어 단어를 불렀고, 아이들은 열심히 받아 적고 있었다. 한 단어를 두세 번씩 천천히 부르면서 아이들이 어떻게 답을 적는지 살펴보던 나는 한 학생 뒤에서 멈춰 서고 말았다. 단어를 받아

적는 손이 너무나 거칠었기 때문이다.

'집에서 무슨 일을 하기에 어린 여학생 손이 저리 거칠고 갈라져 있을까? 겨울도 아닌데…….'

시험지 맨 위에는 또박또박한 글씨체로 '윤선옥'이라고 쓰어 있었다. 선옥이는 똘똘하고 예의 바를 뿐만 아니라 성격이 차분한 아이였다. 교무실로 돌아오자마자 나는 생활기록부부터 살펴봤다. 생활기록부상으로는 별다른 점을 찾을 수가 없었다. 부모님도 모두 살아계셨고, 대학교에 다니는 오빠도 있었던 것 같다. 좀 더 사정을 알아보기 위해 나는 선옥이의 집을 방문했다. 아이를 불러 "왜 그리 손이 거치니?"라고 물어보는 것은 더 큰 상처가 될 것 같았기 때문이다. 내가 도착했을 때 선옥이는 마당에서 빨래를 널고 있었다.

"선옥아!"

갑작스런 나의 방문에 선옥이는 깜짝 놀라 인사했다.

"선생님요, 말씀도 없이 우짠 일이십니까?"

"근처에 볼일 있어, 지나는 길에 잠깐 들렀다. 부모님은 안 계시나?"

선옥이는 선뜻 대답하지 못하고 물끄러미 방문을 바라보았다. 그러고는 기어들어 가는 목소리로 말했다.

"아부지만…… 계십더. 어무이는 일 가서서 쫌매 있다가 들어오실 거고예…….

"그래? 그럼, 아버지께 인사나 하고 갈란다."

방으로 들어가서 보니 선옥이 아버지는 자리에 누워 있었다.

"아버지, 담임선생님이십니더."

사정 이야기를 들으니, 운수 회사에 다녔는데 사고가 나 크게 다쳐 거동을 못 하는 상태였다. 아버지가 자리에 눕자 어머니가 행상을 시작하여 선옥이가 어머니 대신 아버지의 병시중과 빨래, 저녁 준비, 설거지 등 집안 살림을 하고 있었다. 이야기를 나누고 일어서려는데 선옥이 아버지가 내 손을 꼭 잡았다.

"우리 선옥이, 잘 부탁합니데이."

대문 앞까지 배웅 나온 선옥이는 쑥스러워하는 표정으로 서 있었다. 초보 교사인 나는 한편 당황스럽고 한편 마음이 아팠다. 어떻게든 아이에게 힘이 되어주고 싶었다. 그때 떠오른 것은 가난했던 내 어린 시절이었다.

"선생님도 어릴 적에 너무 가난해서 중학교도 못 갔었데이. 양복 공장에서 일했다. 공장에서 일하면서 선생님이 무슨 생각한 줄 아나? '지금은 작업복 입고 양복 맨들지만 커서는 양복 입고 일하는 훌륭한 사람이 될 끼다.' 하고 생각하면서 멋진 양복 입은 내 모습을 상상했다. 그러면 일이 하나도 힘들지 않았다. 선옥이 니도 힘들 때는 10년 후 멋진 모습이 돼 있을 니 모습을 생각해라. 꿈이 있으면 아무리 어려워도 이겨낼 수 있다. 알겠제?"

내 말에 선옥이는 그저 고개만 끄덕였다. 다음 날, 나는 교직원 회의에서 선옥이에게 '진달래상'을 줄 것을 제안했다. 진달래상은 모범이 되는 학생들에게 주는 상이었는데, 그 상으로나마 선옥이를 응원하고 싶었다. 다행히 선옥이는 밝은 모습을 잃지 않았고 성적도 전교

55등에서 전교 10등으로 올라 반 아이들의 부러움을 받으며 1학년을 마쳤다.

1학년을 마치기 전, 선옥이 어머니가 학교에 오셨다. 어머니는 가정 방문 이후 선옥이가 몰라보게 표정이 밝아졌다면서 연신 고맙다는 말씀만 하다가 누런 포대를 손에 쥐어 주셨다. 나는 아주 감사한 마음으로 그것을 받았다. 정확히 무엇인지 알 수는 없었지만, 어머니의 마음과 정성이 담긴 것이라고 직감했다. 포대 안에는 갈치 두 마리가 들어 있었다. 그리고 한 귀퉁이에는 담배 두 갑도 보였다. 내용물을 보는 순간, 코끝이 찡해지며 눈시울이 뜨거워졌다. 선옥이 어머니의 정성과 마음이 고스란히 느껴졌기 때문이다. 또, 없는 형편에 무언가를 사기 위해 어머니가 얼마나 많이 고민했을지 생각하니 마음이 더 찡했다. 갈치 두 마리와 담배 두 갑. 내가 지금도 잊을 수 없는 선물이었다.

이듬해 서울로 학교를 옮기면서 제일여중을 떠났지만 선옥이는 계속 편지로 소식을 전해왔다. 편지에는 항상 희망찬 소식이 들어 있었다. 중학교를 졸업하면서 전교 1등을 했다는 소식, 제일여고에 입학했다는 소식, 부산대 사범대 영문과에 입학했다는 소식, 선생님이 되었다는 소식, 첫 발령이 났다는 소식, 아이를 낳았다는 소식……

선옥이를 가르치면서 나는 종종 햇볕 아래 자라고 있는 식물에 물을 주는 심정이 되곤 했다. 그 물에는 '용기'도 들어 있었고, '희망'도 들어 있었다. 하지만 후에 나는 알았다. 내가 선옥이에게 물이 되어 준 것이 아니라 선옥이가 나에게 물이 되어주었다는 것을. 선옥이는 내 제자이긴 하지만 그 아이를 통해 나는 희망을 보았고, 나 역시 내 희망을 놓지 않을 수 있었다.

가족이 전해준 힘

국회의원이 되고나서 가장 아쉬운 것은 가족과 보내는 시간이 눈에 띄게 준다는 점이었다. 우선 온 가족이 함께 식사할 기회가 좀처럼 나지 않았다.

평상시 나의 일과는 조찬모임으로 하루가 시작되어 밤늦은 시간까지 업무가 이어졌다. 아무리 인터넷이 발달했다고 해도 국회의원은 발로 직접 뛰지 않으면 지역 내 사정에 어두울 수밖에 없었다. 그뿐만 아니라 주민들에게 신뢰를 잃을 수도 없으므로 지역에서 이루어지는 모임과 행사에 참여하다 보면 가족보다 주민들과 보내는 시간이 훨씬 많아질 수밖에 없었다. 또 국정 감사나 선거 등 정치적으로 중요한 일정이 있을 때는 아예 집에 들어가지 못하는 일도 비일비재했다. 국정 감사 때마다 보좌관들과 함께 의원회관에서 밤을 새워가며 자료를 준비한 결과, 3년 연속 NGO 단체가 선정한 국정 감사 우수 의원으로 인정받을 수 있었다. 그럴 때마다 내게 힘이 되어주는 사람은 아내였다. 아내는 어쩌면 내가 교수로 머물러 있기를 원했을 지도 모르겠다. 교수로 재직할 때는 가족과 함께 운동도 하고 등산도 하고 여행도 다녔다. 하지만 국회의원이 되고서는 내가 아내와 함께 하는 자리는 지역 내 모임이나 행사 자리가 대부분이었다.

이뿐만 아니었다. 2001년 교총 회장 선거 때는 나 혼자 힘으로 전국 2백여 개 시군구에 위치한 학교를 모두 방문할 수 없어 아내와 지역을 나눠 선거 운동을 해야 했다. 나와 함께하는 자리도 쉽지 않았을 터인데, 아내 혼자 학교 선생님들을 만나 나를 대신해 지지를 호소하는 일은 더욱 녹록하지 않았을 것이다. 하지만 아내는 단 한 번도 불평하지 않고 내 곁에서 든든한 지원군이 되어주었다. 교총 회장에 출마했을 때나 국회의원이 되고자 했을 때, 아내의 대답은 한결같았다.

"난 당신 믿어요."

나에 대한 아내의 확고한 믿음은 그 어떤 지지보다 더 큰 힘이 되었다. 두 아이도 마찬가지였다. 내가 새로운 길을 가게 되었을 때 의견을 물으면 매번 같았다.

"아빠, 우리는 아빠의 선택을 존중해요."

이처럼 가족들에게 격려를 받았을 때가 나는 가장 기쁘면서도 마음 한끝이 저려오곤 한다. 가족이 없었다면 내가 지금의 자리에 서 있지 못했을 것이라고 생각하기 때문이다. 비록 함께하는 시간은 적지만 내게 가장 큰 힘을 주는 것은 정 많은 아내와 든든한 아들, 그리고 사랑스러운 딸이다. 그리고 보면 역시 가족의 힘은 나의 전 재산이다.

딸에게 배운 삶의 교훈

　자녀 있는 부모들에게 가장 큰 고민은 아이들을 어떻게 키울까 하는 문제다. 나 역시 1남 1녀를 둔 부모로서 똑같은 고민을 했다. 대학에서 학생들을 가르치는 것과, 내 아이를 키우는 것은 다른 부분이 많았기에, 나는 교육자로서가 아니라 한 아이의 부모로서 최선을 다하려고 노력했다.

　예나 지금이나 내 생각은 한 가지다. 바로 가장 좋은 가정교육은 부모가 자신의 삶에 충실한 모습을 보여주는 것이라는 점이다. 콩나물을 기를 때 매일 물을 주는 일만큼 쉬우면서도 중요한 일이 없는 것처럼, 부모가 자녀를 기를 때도 그렇게 스며들듯 가르치는 것이 가장 효과적인 방법이라는 것이 내 생각이다. 나는 우리 아이들이 보고 배웠으면 하는 모습으로 살기 위해 노력했고, 동시에 아이들에게 칭찬과 믿음이라는 물을 주었다. 무슨 일을 하건 아이를 칭찬했고, 칭찬의 끝은 항상 '아빠는 너를 믿는다.'라는 말로 마쳤다. 그 덕분인지 두 아이를 키우면서 그리 큰 어려움을 겪지 않았다. 그렇다고 전혀 난관이 없었던 것은 아니다. 가장 기억에 남는 일은 둘째 아이인 딸이 고등학교 2학년 말 때 대학에 가지 않겠다고 선언했을 때였다.

갑작스러운 선언에 우리 부부는 큰 충격을 받았다. 당시 나는 대학에 가지 않겠다고 말하는 딸아이의 의도를 이해할 수 없었다. 등록금이 없는 것도 아니요, 그렇다고 하기 싫은 공부를 억지로 하라고 강요한 것도 아니었기 때문이다. 게다가 무엇보다 아버지가 교육자임에도 불구하고 내 자식을 제대로 가르치지 못한 것 같아 부끄럽기도 하고 미안한 마음도 들었다. 그래서 딸을 달래도 보고 야단도 쳐봤지만, 상황은 전혀 달라지지 않았다. 그러던 중 문득 이런 생각이 들었다. 딸에게 대학에 가지 않겠다는 말을 듣고 난 후 나는 화만 냈을 뿐 정작 딸아이가 무엇을 바라는지는 한 번도 진지하게 들어볼 생각을 하지 않았던 것이었다.

그때부터 나는 마음을 열고 딸아이의 이야기에 귀를 기울였다. 그제야 아이 역시 자신의 계획을 털어놓기 시작했다. 놀랍게도 딸아이는 성악을 공부하고 싶어 했다. 그동안 그런 이야기를 들어본 적이 없던 나로서는 왜 한 번도 성악가가 되고 싶다는 꿈을 이야기하지 않았는지 조심스럽게 물었다. 내 질문에 대한 딸아이의 대답은 성악을 공부하고 싶다는 말보다 더 충격적이었다.

"엄마 아빠가 싫어할 것 같아서요……."

딸아이의 말을 듣는 순간, 딸과 나 사이에 얼마나 대화가 부족했는지를 실감할 수 있었다. 왜냐하면 정작 나와 아내는 딸이 성악을 공부하는 데 반대할 의사가 없었기 때문이다. 그런데도 딸은 아버지가 교수이고, 오빠가 카이스트 대학생이다 보니 자신도 이공계나 인문 사회 분야의 학문을 선택하길 바랄 것이라고 생각했던 것이다. 내가 성악 공부를 반대하지 않는다는 걸 알게 된 딸은 자신의 계획에 대해 신이 나서 이야기를 시작했다. 아이의 계획은 너무도 구체적이었다. 그 이야기를 들으며 나는 딸이 혼자서 얼마나 오랫동안 자신의 꿈을 위해 노력해 왔는지 이해할 수 있어 더욱 마음이 아팠다.

그 후 딸은 자신의 꿈을 이루기 위해 최선을 다했다. 제대로 된 음악 공부를 해본 적이 없는 딸은 다른 아이들이 10년 동안 해온 공부를 단 1년 남짓 시간에 이루기 위해 놀라운 투지를 발휘했다. 그 결과 자신이 원하는 대학에 들어갈 수 있었고, 졸업 후에도 자신이 원하는 길을 가고 있다. 자신의 음악적 재능을 발휘하며 행복하게 사는 딸아이를 볼 때마다 나는 종종 이런 생각을 하곤 한다.

'만일 그때 내가 끝까지 딸아이의 이야기를 듣지 않았다면, 지금처럼 딸이 행복하게 살아갈 수 있었을까?'

아이를 통해 나와 우리 가족은 가족 간의 진솔한 대화가 얼마나 중요한지 절실히 깨달을 수 있었다.

✳
희망의 땅, 흑석동

1972년 봄, 나는 초등학교 동기들보다 2년 늦게 대학에 입학했다. 입학식 날, 처음으로 대학생 교복을 입고 흑석동 중앙대 교정에 첫발을 내디디며 나는 마음속으로 '감사하다.'라는 말을 수없이 되뇌었다. 내가 원하는 일에 처음으로 도전해 이루어냈다는 것이 나에게는 감격 그 자체였다. 정말 그 순간은 모든 것에 감사했다. 나를 낳아준 부모님, 공부할 기회를 잃지 않게 해준 형님, 그리고 어렸을 적 친구들과 선생님들……. 심지어 학교 교문마저 나를 위해 서 있는 것 같아 고마웠고, 주변에 보이는 나무, 건물, 사람 모두 고마울 따름이었다. 상고에 입학한 것도 감사한 일이었지만, 어렵사리 대학에 들어왔기 때문에 내가 대학생이 되었다는 그 감회도 남달랐다.

나의 대학 생활은 낭만과는 거리가 멀었다. 나는 입학식이 끝나자마자 학과 교수님을 찾아가 유학을 가고자 하는 나의 꿈과 가장이 되어야 하는 현실을 이야기하고 나서 가정교사로 일할 곳을 추천해달라고 부탁드렸다. 사정 이야기를 들은 교수님이 동료 교수의 자녀들을 소개시켜주어 곧바로 가정교사로 일할 수 있었다. 또 그것이 계기가 되어 아이들을 가르칠 수 있는 과외 자리가 두어 곳 더 생겨 수업이 끝나면 더욱 바쁘게 일해야 했다. 하지만 힘들다고 투정할 겨를이 없었다. 오히려 가장 역할을 할 수 있게 된 것을 천만다행으로 여겼다.

이때 가정교사를 하게 된 집이 중앙대 가정학과 남상우 교수님 댁이었다. 부군은 외과 의사셨다. 나는 남 교수님 댁에서 6년간 아이들 셋을 가르쳤다. 그 집에서 거의 6년간 밥을 먹었으니 이 두 분은 제2의 부모 같은 분들이다. 이 어른들로부터 참으로 많은 것을 배웠다. 특히 교육자의 자세와 매사에 경우 바르게 사는 법 등, 삶의 참된 본을 보여주신 고마운 분들이라 지금도 그 은혜를 잊지 못하고 있다.

대학 재학 중에는 학비와 생활비를 벌기 위해 가정교사 말고도 아이들을 모집하여 과외 공부 지도를 했다. 학생 모집을 위해 골목마다 과외 모집 공고를 붙이다가, 불법 벽보를 붙였다는 이유로 파출소에 끌려간 적도 한두 번이 아니었다.

대학 시절 내가 누릴 수 있는 유일한 낭만은 캠퍼스의 사계절을 보고 즐기는 것이었다. 사범대학은 맨 꼭대기에 있어 교문에서 강의실까지 가는 데 꽤 시간이 걸렸는데, 그 시간이 나에게는 휴식을 즐길 수 있는 산책과 같았다. 봄이면 중앙도서관 주변에 활짝 핀 목련과 청룡연못 주변 개나리가 좋았고, 겨울이면 학교 전체에 소복하게 쌓인 눈을 밟으며 수업을 들으러 다니던 일이 지금도 생생하다. 그때 동작동, 사당동, 흑석동 일대는 서울 지역에서도 경제적으로 어려운 이웃이 많이 살고 있었다. 지금 중앙대 병원 자리는 지대가 낮고 근처가 시장 주변이라 배수 시설이 잘 안 되어 있어서 비가 오면 검은 물이 질퍽거렸다. 비록 흑석동 일대는 가난한 이웃도 많았지만, 다른 서울 지역에 비해 사람들의 인정이 넘치는 곳이었다. 또 그 시절에는 청운의 꿈이 있었기에 따뜻하고 희망찬 기억으로 남아 있다.

희망은 희망을 확신하는 사람에게만 온다

교단에 선 매일매일, 내 안에서는 두 개의 내가 끊임없이 부딪혔다. 한 사람은 교사로서의 삶에 만족하며 아이들과 함께하는 일상의 소중함을 느끼고 있었고, 다른 한 사람은 언젠가 도전하겠다고 다짐했던 옛 포부를 애써 외면하려 애쓰고 있었다. 시간이 지날수록 아이들과 정이 들어, 내 마음속에는 새로운 생각이 자꾸 고개를 들었다.

'이렇게 아이들 가르치면서 살아가는 것도 의미 있는 삶이 아닐까?'

아이들을 가르쳐보니 교사로서 한평생을 사는 것도, 힘겹지만 보람 있는 일이라는 생각이 들었다. 또 오랜만에 찾아온 내 인생의 평온한 일상에 나도 모르게 서서히 적응해 가고 있었다. 하지만 이런 생각이 들면 들수록 마음은 무거워져만 갔다. 나에게는 교사 이전에 품었던 뜻이 있었는데, 나이 들고 생활이 안정되면서 도전하고자 하는 마음을 잃고 점점 꿈을 포기할 궁리만 하는 것 같았기 때문이다. 이런 생각을 하는 내가 또 다른 나였다. 교실에서 아이 하나를 변화시키는 일도 감동적이지만, 정책을 통해 수많은 아이의 삶을 바꾸는 일에는 더 큰 책임과 사명이 따랐다. 나는 교육 현장의 경험을 더 넓은 무대에서 실현하기 위해 다시 한번 나 자신을 시험해 보기로 했다.

나는 약해지는 마음을 다시 다잡고 유학 준비에 박차를 가하기 위해 우선 사립학교 임용 고시에 도전해 서울에 있는 고등학교로 학교를 옮겼다. 그것은 곧 유학을 떠나겠다는 내 마음이었고, 유학을 떠나기 전까지 조금이라도 가족들과 함께 지내야겠다는 생각이 들어서였다. 서울로 올라온 얼마 후, 로터리 인터내셔널 클럽 한국 본부에서 친선 대사 자격으로 미국 포트 헤이즈 캔자스 주립 대학 석사 과정에 입학할 교환 장학생을 뽑는다는 공고가 났다. 이번에도 역시 기회는 단 한 명뿐이었다. 다행히 그 기회가 나에게 주어졌다. 심장이 터질 듯 뛰는 기쁨 속에서 가장 먼저 생각난 사람은 부모님이었다.

"그래. 해낼 줄 알았데이. 니는 해낼 줄 알았데이……."

합격 소식을 들은 어머니는 계속해서 이 말을 반복하시다가 끝내 눈물을 흘리셨다. 나 역시 그날만큼은 설렘 때문에 잠이 오지 않았다. 벌써 내 마음은 미국으로 가 있었다. 미국 로터리 인터내셔널 클럽에서 제공하는 장학금은 석사 과정 2년 동안의 학비와 생활비였다. 하지만 석사만 마치고 돌아올 계획은 없었다. 미국에서 박사 과정까지 마친 후 돌아올 계획이었다. 그렇다고 박사 과정을 마칠 나름의 경제적 대책이 있었던 것도 아니었다.

"나는 할 수 있다!"

내가 가진 대책은 할 수 있다는 자신감 하나뿐이었다. 두려워하지 않는다면 길은 반드시 생길 것이라는 신념으로, 나는 미국으로 떠날 것을 결심했다. 다행히 그 무렵엔 여동생이 대학 졸업 후 교편을 잡게 되었고, 남동생은 군에 입대하게 되어 집 걱정은 덜 수 있었다. 그때가 1979년 1월, 1971년 대경상고를 졸업하며 처음으로 내가 가야할 길을 정한 지 8년만의 일이었다. 그 8년간은 내가 가장 자신감에 넘쳐 살았던 시기였다.

처음으로 내 스스로 인생 계획을 짰고, 그 계획을 실천하기 위해 최선을 다해 노력했고, 그 노력이 하나하나 결실을 맺었던 시기였다. 오랜 시간 마음속에만 품고 있던 목표를 하나하나 현실로 만들어가는 일, 그 과정에서 느끼는 성취감은 무엇과도 바꿀 수 없는 짜릿한 기쁨이었다. 나는 그제야 알았다. 삶은 꿈을 이룰 때보다 꿈을 향해 걸어가는 그 여정 속에서 더 빛이 난다는 걸.

아내와의 만남

유학 시험 합격 후 나는 정신없이 바쁜 시간을 보내야 했다. 비자 신청 등 출국에 필요한 서류를 준비하는 일 외에도 출국 준비에 마음은 어수선했다. 유학을 앞두고 가장 먼저 떠오른 생각은 함께 길을 걸어줄 반려자였다. 사실 그것은 갑작스러운 충동이 아니었다. 마산에서 서울로 올라오던 날부터, '서른 전에 유학을 떠나고, 그 여정에는 반드시 삶을 함께할 사람이 곁에 있어야 한다.'라는 마음을 품고 있었다. 그래서 은광여고 교사로 재직 중인 여동생에게 압력을 넣었다. 여동생의 동료 교사 가운데 마음에 드는 여성이 있었기 때문이다. 물론 내색한 적은 없었다. 하지만 여동생으로부터 학교 이야기를 들을 때나 혹은 소풍 다녀온 사진을 보면서 나 혼자 마음을 키워나갔다. 그래서인지 결혼해야겠다는 생각이 들었을 때 가장 먼저 그녀를 만나보고 싶었다.

시험에 붙고 나서 여동생에게 정식으로 운을 뗐다. 하지만 며칠 후 여동생으로부터 전해진 이야기는 희망적이지 않았다. 그녀는 아직 결혼 생각이 없을뿐더러 결혼하더라도 교사와는 하고 싶지 않다는 것이었다. 하지만 나 역시 포기할 상황이 아니었다. 나는 무조건 만나게만 해달라고 여동생을 설득해 겨우 만날 기회를 얻어 낼 수 있었다. 약속 날짜와 장소를 알려주며 여동생은 신신당부했다.

"오빠, 내가 얼마나 어렵게 설득해서 나오게 됐는지 알고 있지? 내 체면 봐서 한 번만 만나달라고 한 거니까, 잘해야 돼."

"걱정하지 마. 이제부턴 내가 알아서 할 테니까."

내가 알아서 한다는 게 사실 무슨 비법이 있는 게 아니라, 솔직하게 있는 그대로 정면 돌파하는 것뿐이었다. 그 결과, 세 번인가 만난 후에 나는 만난 지 약 한 달여 만에 그녀로부터 결혼 승낙을 받을 수 있었다. 그녀가 바로 지금의 내 아내다.

새로 생긴 피자집에서 처음 만난 그녀에게 내가 처한 상황을 솔직하게 말했다. 올해 나이는 몇이고, 모아놓은 돈은 없다, 교사 생활하면서 모은 돈은 모두 생활하는 데 보태 썼고 8월에 미국으로 공부하러 간다, 거기서 석사와 박사 마치려면 최소한 5년 정도 걸린다……. 상황을 설명한 후, 그 자리에서 프러포즈했다.

"결혼해서 같이 가면 고생은 될 겁니다. 그러나 보람도 있을 겁니다. 젊었을 때 새로운 미지의 세계에 도전해보지 않으면 언제 하겠습니까?"

내 말에 그녀는 당황하는 기색이 역력했다. 하지만 나는 틈을 두지 않고 말을 이어 나갔다.

"물론 유학을 다녀온 후에도 당장 변하는 건 없을 수도 있어요. 하지만 나는 지금 가진 게 없기 때문에 망할 것도 없는 사람입니다. 앞으로 남은 것은 조금씩 일어나는 일뿐입니다. 이런 나를 믿고 미국에 함께 가주시면 어떻겠습니까?"

내 말을 듣는 그녀는 한마디로 황당해하는 표정이었다. 하지만 자리를 박차고 일어나지 않은 것에 희망을 걸고 저녁을 먹은 후 한 번 더 만날 것을 제안했다. 그녀는 내 제안에 찬성도 아니고 반대도 아닌 애매한 표정을 지었지만 내 진심이 통했던 모양이다.

세 번째 만나는 날, 나는 확답을 받아내야겠다는 마음으로 그녀를 만나러 갔다. 그런데 약속 장소에 나온 그녀가 갑자기 오빠 생일 모임이 잡혀 있다며 일찍 돌아가야 한다고 말하는 것이었다. 가족 모임이라는 말을 듣는 순간, 나는 기회라는 생각이 들었다.

"그래요? 잘됐네요. 오늘 같은 날, 가족한테 인사드리면 좋지 않겠어요."

"농담하지 마세요. 그런 용기도 없어 보이시는데……."

'용기'가 없어 보인다는 그녀의 말은 나를 자극하기에 충분했다.

"정말요? 제가 못할 거 같아요?"

나는 반신반의하는 그녀를 따라 가족 모임이 있다는 장소까지 따라갔다. 훗날 아내는, 나와 함께 가면서 '설마 식당까지 같이 가겠어? 입구까지만 오겠지.'라는 심정이었다고 한다. 그러나 내가 확고한 생각을 갖고 식당 안으로 들어가려 하자 그제야 농담이 아니라는 사실을 깨닫고 놀라는 기색이었다. 나는 그녀의 식구들 앞에서 정식으로 인사할 기회를 얻었다.

"따님을 주시면 열심히 살겠습니다. 앞으로 씨암탉 좀 잡아주십시오."

갑작스러운 나의 등장에 가족들은 당황했고, 어색한 분위기에서 모임은 끝이 났다. 그리고 며칠 후 지금은 큰처형이 된 아내의 큰언니가 학교로 나를 찾아왔다. 큰처형은 나하고 아내가 어떤 관계인지를 물었다. 이야기를 들으니, 그동안 아내는 선을 30여 차례나 보고도 아무도 마음에 들어 하지 않았다고 했다. 그런데 사전에 기별도 없이 가족 모임에 남자를 데리고 나타나자, 큰처형이 나선 것이었다. 나는 자초지종을 설명한 후 아내에게 말한 것처럼 나의 계획과 포부를 말씀드렸다. 내 이야기를 다 들은 큰처형이 물었다. 만난 지 한 달도 안 됐는데, 어떻게 확신을 갖느냐고. 그 말에 나는 이렇게 대답했다.

"만난 지는 한 달도 안 됐지만 여동생을 통해 2년이나 지켜봤습니다. 당장은 고생되겠지만 행복하게 잘 살 자신이 있습니다."

내 말에 큰처형은 한동안 말이 없었다. 그러고는 잠시 후 이렇게 물었다.

"그럼, 언제쯤 결혼할 생각인가요?"

"5월에 하고 싶습니다."

그렇게 해서 양가에 혼담이 오갔고, 우리는 5월에 결혼해 한국에서 3개월이란 짧은 신혼을 보낸 후 미국으로 떠나게 되었다. 세월이 많이 흘러, 이제 나와 아내는 결혼과 관련된 이야기를 나누다 보면 기억이 달라 서로 자신의 기억이 옳다고 티격태격 다투기도 한다. 하지만 아무리 나이 들어도 잊히지 않는 것은 아내와 나 두 사람 모두 처음 봤을 때의 느낌이다. 바로 '아, 이 사람이구나!' 하는 느낌.

그러기에 아내는 결혼 후 내가 지내던 방에 신혼방을 꾸미고 나서야 아무것도 가진 게 없다는 내 말이 실감났어도 결혼을 후회하지는 않았다고 했다. 아니, 오히려 가진 것 없어도 배짱 하나만은 두둑한 내가 좋았다고 한다.

성공 함수

성공 = f (능력 X 환경 X 목표 의식)

즉, 성공은 능력, 환경, 목표 의식의 함수 값이다. 따라서 세 요소 중 하나라도 0이 되면 성공 값 역시 0이 되므로 성공은 불가능하다. 여기서 능력은 타고난 재능을 가리킨다. 아이큐, 혹은 절대음감과 같은 뛰어난 재능이 그 예가 될 수 있을 것이다. 환경은 개개인에게 주어진 가정, 가족, 사회적 환경을 의미한다. 마지막 목표 의식은 자신이 무언가를 이루겠다는 꿈과 그 꿈을 이루려는 실천력이다.

여기서 우리가 놓치지 말아야 할 것은 성공에 있어 개인의 노력과 의지가 얼마나 중요한가다. 세 가지 중에서 능력과 환경은 개인의 노력과 의지로 바꿀 가능성이 적다. 특히 능력은 후천적인 능력보다 선천적인 능력이 크게 작용하므로 개인의 의지와 노력에 의해 변화될 수 있는 여지가 적다. 환경도 개인의 의지대로 되는 것은 아니다. 반면 목표 의식은 개인의 노력과 의지가 매우 중요한 부분이다. 목표 의식 값이 0이라면 능력과 환경 값이 100이더라도 성공 값은 0이 된다. 일례로, 공부를 잘하려면 머리, 가정환경, 공부하고자 하는 의지가 어느 하나라도 0이 아닐 때만 가능하다.

그런데도 요즘 사람들은 자신이 성공하지 못하는 이유가 타고난 재능이 없어서, 혹은 집안 환경이 좋지 않아서라고 생각하는 경우가 흔하다. 하지만 성공은 위의 세 가지가 적절히 조화를 이루었을 때 가능한 일이다. 더욱 중요한 것은 목표 의식 값이 클 때 타고난 능력과 환경이 부족함을 채울 수 있다는 점이다. 그러므로 어려운 환경에서 성공한 이들이 매우 많으며, 그런 이들의 경우 마지막 목표 의식 값이 높은 것은 당연하다.

어떤 일을 이루는 데 목표 의식이 얼마나 중요한지를 일깨워 주는 일화가 하나 있다. 플로렌스 채드윅은 카탈리나 섬에서 캘리포니아 해안까지 수영으로 횡단한 여성이다. 1952년 7월, 그녀가 처음 횡단에 도전할 때 바다는 얼음으로 채워진 욕조 같았고 안개가 너무 심해 그녀를 호위하는 보트들도 시야에 들어오지 않았다. 게다가 그녀 주위에는 상어 떼가 맴돌았다. 한 시간 이상을 나아갔어도 상황은 조금도 변하지 않았다. 결국 그녀는 마지막 5백 미터를 남겨둔 채 포기하고 말았다. 배에 오른 그녀는 기자들에게 말했다.

"만일 육지가 보이기만 했어도 난 끝까지 해냈을 거예요."

그녀를 굴복시킨 것은 추위나 피로감이 아니었다. 그것은 안개였다. 안개 때문에 그녀는 자신의 목표를 볼 수 없었던 것이다. 두 달 뒤 그녀는 다시 도전했다. 이번에도 똑같이 짙은 안개가 시야를 가렸지만, 그녀는 상상을 통해 마음속에 분명하게 그려놓은 자신의 목표를 보며 바다를 헤엄쳤다. 그 결과, 플로렌스는 카탈리나 해협을 헤엄쳐서 건넌 최초의 여성이 되었다. 그녀의 기록은 남성이 세운 기록보다 두 시간이나 빨랐다.

이처럼 목표 의식은 일을 수행하는 데 동기를 부여함으로써 큰 원동력이 된다. 나는 성공을 넘어 삶을 지탱해주는 가장 큰 힘이 목표라고 생각한다. 나 역시 삶의 고비 고비마다 역경에 직면했을 때 목표와 꿈이 없었더라면 절망하고 좌절할 수밖에 없었을 것이다.

역경은 결국 축복이었다

검정고시 합격은 내 삶에 큰 전환점이 되었다. 그 후 내 인생은 180도 달라졌다. 나는 대경상고에 입학했다. 중학교를 졸업하면 당연히 고등학교에 가야 한다고 생각하는 이들에겐 상고 입학이 별것 아닐 수 있다. 그 때문에 나에게 얼마나 큰 기쁨이었는지 이해하지 못할 것이다. 한마디로 1967년 한 해는 최악의 상황에서 최고의 상황으로 바뀐 셈이다.

그때의 감격은 마치 꿈꾸는 듯했다. 그러면서 나는 인생이 늘 감사할 일로 채워졌으면 좋겠다는 바람을 갖게 되었다. 사실 남들은 대수롭지 않은 상고일지 모르지만, 나에게는 오랫동안 가고 싶었던 학교였고, 오랫동안 입어보고 싶었던 교복이었다. 상고는 내 꿈을 키워준 첫 터전이었다.

검정고시에 합격했을 때 형님은 나를 데리고 모교를 방문했다. 형님은 대경상고에서 신뢰를 얻고 있었다. 그도 그럴 것이, 형님은 입학 때부터 3년 동안 전교 수석을 했을 뿐만 아니라 중소기업은행 입사 시험에서 전국 차석으로 합격해 학교를 빛낸 자랑스러운 학생이었다. 형님은 교감 선생님을 만나 내 사정을 설명한 후 장학생으로 공부할 수 있는 방법을 찾아봐달라고 간곡히 부탁했다.

"선생님, 군현이가 공부할 수 있도록 도와주세요. 그 은혜는 잊지 않겠습니다. 열심히 할 겁니다."

형님의 간곡한 부탁에 교감 선생님은 그 자리에서 나를 상대로 간단한 테스트를 치른 뒤 장학생으로 입학시켜 주었다. 대경상고는 장충체육관 뒤 금호동 산꼭대기에 위치해 있었다. 그곳에서 나는 처음으로 꿈이란 걸 키워나갈 수 있었다. 학생 중에는 나만큼 집안 형편이 어려운 아이들이 많았다. 그래서인지 공부에 대한 열의가 대단했다.

나는 친구들과 함께 공부하며 소박한 꿈을 갖게 되었다. 내 꿈은 '야간 대학에 다니는 은행원'이 되는 것이었다. 중학교도 못 갈 줄 알았던 내가 고등학생이 되자 대학생도 될 수 있다는 자신감이 생겼다. 하지만 현실 여건을 감안하여 내가 찾은 최선의 목표는 일하면서 공부하는 야간 대학생이었다. 그 당시 내게 중요한 것은 꿈이 무엇인가 하는 것보다 꿈이 생겼다는 사실이었다. 그동안 나에게는 이렇다할 꿈이 없었다. 막연하게나마 교복을 입고 친구들과 함께 학교에 다니고 싶다는 것이 나의 유일한 꿈이었다. 고등학교 입학으로 그 꿈이 이루어지자 나는 날개를 단 것처럼 마구 날아다니고 싶었다.

'어려워도 이겨내자!'

나는 이렇게 다짐하고 수업이 끝난 후에도 열심히 공부하며 꿈을 향해 한 걸음 한 걸음씩 나아갔다. 내가 소중하게 생각하는 옛말 중에 이런 것이 있다.

매경한고 발청향梅經寒苦 發淸香
매화는 모진 추위와 고통을 지나야 좋은 향기를 발할 수 있다.

　살아가면서 누구나 고통과 시련을 겪는다. 하지만 중요한 것은 그것을 어떻게 여기는가이다. 고통을 힘겹게만 생각하면 한없이 힘겹지만, 그것이 발전의 밑거름이라고 생각하는 순간 고통은 겪어야 할 과정이 된다. 가난도 마찬가지다. 가난은 자랑할 것도 아니지만, 부끄러운 것도 아니다. 학교도 마찬가지다. 사람 중에는 자신의 출신 학교를 밝히지 않거나 거짓으로 말하는 경우가 있다. 이유는 간단하다. 소위 명문이 아니기 때문이다. 하지만 나는 지금도 대경상고를 말할 때 '나의 자랑스러운 모교'라고 말한다. 나에게 꿈을 갖게 했고, 희망을 품게 해주었던 곳, 감사하는 마음을 깨닫게 한 곳이 바로 모교인 대경상고다. 자기의 정체성을 자랑스럽게 말할 수 없는 사람은 아무 일도 할 수 없다.

어머니의 마음

서울로 이사 와서 내가 다닌 학교는 안산초등학교다. 안산은 인왕산 아래 있던 산 이름으로, 무악재 고개 왼쪽이 안산이고 오른편이 인왕산이었다. 그 때문에 안산초등학교 학생 중에는 인왕산 기슭 판자촌에 사는 아이들이 많았다. 그다음으로는 고아원 아이들이 많았다. 무악재 근처 불광동에는 한국전쟁 이후 고아원이 많이 생겨났는데, 그곳에서 가장 가까운 학교가 안산초등학교였기 때문이다.

판자촌 생활도 어려웠지만 고아원 아이들의 삶도 고달파보였다. 그 아이들이나 나나 배를 곯기는 마찬가지였다. 하지만 내겐 배고픈 설움은 있어도 부모 없는 설움은 없었다. 한데 그 아이들은 달랐다. 학교에서 무슨 일이 일어나면 제일 먼저 고아원 아이들이 거론되었다. 물건이 없어져도, 싸움이 일어나도, 성적이 떨어져도 고아원 아이들이 집중적으로 추궁당하거나 꾸중을 들었다. 처음에는 고아원이 부모 없는 아이들이 아니라, 나쁜 아이들이 다니는 곳인 줄 알았다. 그래서 나도 덩달아 그 아이들과 가까이 지내지 않았다.

내가 그 아이들에 대한 편견을 깬 것은 핸드볼부에 들고 난 후였다. 통영에서 줄곧 축구부 선수로 활동했던 나는 안산초등학교에 축구부가 없어 핸드볼부를 택했다. 그런데 핸드볼부에 가장 많은 아이들이 바로 고아원 아이들이었다. 처음에는 그 아이들을 경계했다. 그런 마음으로 훈련하다 보니 실력도 늘지 않았고, 팀워크도 생기지 않았다. 당시 안산초등학교는 핸드볼로 명성을 떨치고 있던 때라 훈련 강도가 점점 세졌는데, 우리는 방학 때가 되면 잠자는 시간을 제외하고 줄곧 함께 생활했다. 그렇게 한여름 뙤약볕 아래서 발가벗다시피 한 채 부딪치고 땀 흘리다 보면 고아원 아이들과 산동네 아이들이란 구분이 사라졌다.

그러던 어느 날, 나는 고아원에 다니는 친구와 함께 우리 집에 가게 되었다. 마침, 어머니가 장사를 일찍 마치고 돌아와 계셨다. 나는 친구를 인사시켰고, 어머니는 아무 말 없이 고구마 밥을 지어 상을 차려주었다. 당시 형편에 친구 끼니까지 챙긴다는 건 쉽지 않은 결정이었지만, 어머니는 마치 오래 기다렸다는 듯 따뜻한 손길로 친구를 맞이했다. 게다가 고아원으로 돌아가는 친구에게 어머니는 자주 놀러 오라는 말까지 남기셨다. 그리고 친구가 돌아간 후 나에게 당부하셨다.

"군현아, 고아원 애들은 니보다 더 어려운 형편에 있는 애들이래 이, 윗집 석이 봤제? 아버지 없어서 얼마나 고생했노, 고향에 혼자 남았던 니 형 생각해서라도, 절대 그런 애들 무시하면 안 되는 기다."

어머니 입에서 둘째 형 이야기가 나오는 순간, 마음이 뜨끔했다.

형님 역시 어린 시절 고향에 홀로남아 힘든 시간을 건넜던 사람이었다. 그제야 나는 어머니가 친구를 대했던 따뜻한 마음의 이유를 어렴풋이 이해할 수 있었다. 그리고 그 후 고아원 아이들을 볼 때마다 형님이 떠올라 더 이상 경계하지 않았다.

신뢰를 쌓는 법

미국의 유명한 컨설팅업체인 보스턴컨설팅은 실리콘밸리에서 성공한 기업 수천 개를 대상으로 성공 비결을 묻는 조사를 실시했다. 조사 결과 가장 많이 나온 답변이 'integrity', 즉 신뢰였다. 기업이 신뢰를 성공 이유로 꼽은 것을 역으로 해석하면 소비자들이 기업에 가장 바라는 점이 바로 '신뢰'일 것이다. 소비자들이 제품을 구매할 때는 단지 제품 하나만 보는 것이 아니라, 그 제품을 만든 기업이 믿을 만한 곳인지 살피는 시대다. 하물며 제품 하나를 구매할 때도 그럴진대, 사람을 쓰고자 할 때는 더더욱 신뢰가 중요하다는 것은 너무도 당연한 일이다.

아무리 뛰어난 사람이라도 혼자서는 결코 멀리 가지 못한다. 결국 삶은 사람과 사람 사이의 연결 위에서 이루어지고, 그 연결의 출발점은 '신뢰'다. 나 또한 삶의 수많은 순간마다 신뢰 덕분에 길을 얻었고, 신뢰를 잃지 않기 위해 힘써 왔다.

스티븐 코비 박사도 언급했듯이 신뢰는 저절로 쌓이지 않는다. 신뢰는 그 속성상 노력하는 만큼 이루어지는 정직한 단어다.

〈신뢰 쌓는 법〉

1. 남을 이해할 줄 알아야 한다.

이해를 의미하는 영어 단어는 'understand'이다. under-stand는 'under아래'와 'stand서다'가 합한 단어로, '아래에 서다.'라는 의미가 바탕에 깔려 있다. 신뢰는 상대방의 위에 서는 것이 아니라 아래에 서서 바라보는 이해가 기본이다.

2. 작은 일을 소홀히 하지 않는다.

작은 일을 소홀히 하는 사람은 큰일도 소홀히 하기 마련이다. 그뿐만 아니라 작은 일에 의롭지 않으면 큰일에도 정직하지 못하다. 사람의 행동에도 관성의 법칙이 작용하기 때문에 습관은 하루아침에 바꾸기 힘들다. 따라서 작은 일을 대할 때부터 올바른 자세를 가질 수 있도록 노력해야 한다.

3. 약속을 잘 지킨다.

신뢰의 기본이다. 약속을 지키지 않는 사람을 신뢰할 이는 아무도 없다.

4. 기대치를 분명히 한다.

신뢰받지 못하는 사람들의 특징은 상대에게 너무 큰 기대를 하게 한다는 것이다. 예를 들어 일의 결과에 대해 부풀리거나, 사람을 소개하면서 과장되게 칭찬하면 상대방이 하는 기대도 그만큼 커지기 마련이다. 기대한 만큼 결과가 나오지 않으면 상대방의 실망도 클 뿐만 아니라 본인에게 돌아오는 것은 허풍쟁이라는 오명뿐이다. 심한 경우에는 허풍쟁이라는 오명을 벗기 위해 또다시 거짓말을 하게 돼 허풍쟁이에 거짓말쟁이라는 오명이 덧씌워진다.

5. 사과할 줄 알아야 한다.

잘못한 사람은 용서받을 수 있지만 잘못하고도 사과할 줄 모르는 사람은 절대 용서받을 수 없다. 사과할 줄 안다는 것은 두 가지가 겸비되어야 가능한 일이다. 첫째는 정직이며, 둘째는 용기다. 정직한 사람만이 잘못을 시인할 수 있으며, 다른 사람에게 진심에서 우러나오는 사과를 하는 일은 용기가 필요한 일이기 때문이다.

미국 여론조사 전문 기관인 조그비 인터내셔널 조사에 의하면 '자신이 잘못했다고 느꼈을 때 사과하느냐.'라는 질문에 고소득층은 92%가 '그렇다.'라고 답변한 반면 저소득층은 불과 52%만이 '그렇다.'라고 답변했다. 또 '자신이 잘못한 게 없다고 생각했을 때도 사과 하느냐.'란 질문에 고소득층은 22%가 '그렇다.'라고 답변했으며 저소득층은 단지 13%만이 '그렇다.'라고 답변했다. 다시 말해 저소득층보다 2배가 많은 고소득층의 'I'm sorry.미안합니다.'라는 사과 표현은 가장 돈 되는 말, 오히려 자신이 더 높아지는 말이라 봐도 과언이 아님을 시사한다고 볼 수 있다.

인왕산 아래, 달과 가까운 동네

1960년대 초, 인왕산 기슭은 서울의 대표적인 달동네로, 전국 각지에서 올라온 이들이 산자락에 빼곡하게 자리를 잡아 발 디딜 틈도 없었다. 그나마 중턱까지는 집 꼴을 갖췄지만, 중턱 이후부터는 말이 집이지 움막에 가까웠다. 흙을 빚어 벽을 만들고 루핑으로 지붕을 올린 후 허술하게 대문을 달아놓은 정도였다. 루핑은 기름 먹인 두꺼운 종이 위에 콜타르를 바른 것으로, 비는 새지 않았지만 불이 나면 금방 타버리는 소재였다. 그뿐만 아니라, 그 당시 무허가촌은 수도 시설이 전혀 되어 있지 않아 30분을 내려가서 물을 길어와야만 했다.

아침저녁으로 물을 길어 나르며 나는 달동네 사람들의 사는 모습을 생생히 지켜볼 수 있었다. 달동네는 전국 각지의 사투리를 쓰는 사람들이 모여 사는 곳으로, 주민들은 아침 일찍 일터로 나갔다가 저녁 늦은 시간에야 집으로 돌아왔다. 하지만 생활은 좀처럼 나아지지 않았다. 일자리가 안정되어 있지 않고, 하루 벌어 하루 먹고 사는 노동 일이 대부분이어서 할 일이 없어 공치는 날도 많았다.

우리 집도 예외는 아니었다. 시골에서 농사만 지어본 아버지가 서울에서 구할 수 있는 일자리는 시장에서 짐을 날라 주는 인부나 새로 길을 만드는 공사 현장의 인부였다. 당시는 공사 현장이 꽤 많았지만 그렇다고 매일 일할 수 있는 것도 아니었다. 일이 없는 날이면 아버지는 어머니를 따라 시장에 가셨다.

 어머니는 중앙시장에서 생선을 떼어다 집 근처 시장의 쌀가게 앞에서 생선을 팔았다. 그렇게 일해도 우리 집 살림은 나아지지 않았다. 그래도 우리 식구는 큰 불만이 없었다. 비록 산 중턱이긴 하지만 식구들이 모여 살 수 있는 집이 있고, 방도 두 칸이나 되어 나와 형님, 나중에 올라온 작은형도 만족했다. 작은형님까지 함께 공부방 삼아 따로 쓸 방이 있는 것만으로도 좋았다. 인왕산에 살면서 가장 큰 어려움은 마지막 보금자리인 판잣집이 위협받는 일이었다. 우리가 살던 곳은 무허가 판자촌이라 가끔 철거반원이 나타나 다른 곳으로 이사 가라고 겁을 주며 집을 부수곤 했다.

 처음 철거를 당했을 때는 너무 놀라는 바람에 학교에 가서도 하루 종일 제정신이 아니었다. 한겨울 저녁에 철거를 당하면 그날 밤은 꼼짝없이 한뎃잠을 자야 했는데, 인왕산 칼바람은 살을 엘 정도로 추웠다. 게다가 철거는 우리 집만 당하는 것이 아니어서 철거반원이 다녀간 날은 동네 전체가 아수라장이 되었다. 다행히 우리 집은 아버지도 계셨고 남자 형제가 여럿이라 집을 다시 짓는 일이 그다지 큰일이 아니었다. 철거가 잦아지면서 우리는 벽돌 만드는 기계를 만들어 집을 지을 정도로 도사가 되었다.

하지만 산꼭대기에 사는 초등학교 친구네의 사정은 달랐다. 아버지도 계시지 않은 데다 어머니와 그 친구만 있었고 주변의 도움을 받아야만 복구할 수 있어 항상 애를 먹었다. 그러던 어느 날, 철거를 당한 몇 집이 한데서 잠을 자고 난 후 그 친구와 어머니는 흔적 없이 사라졌고, 그 뒤 소식이 끊겨버렸다. 마침 그날은 보름이었는데, 밤하늘을 보니 달이 너무 커 마치 내 머리 위에 떠 있는 것 같았다. 그 달을 보며 나는 생각했다.

'이곳이 달동네인 이유가 달이 이렇게 가까워서구나.'

그 이후로 보름달을 보면 집 없이 밖에서 추위에 떨던 친구네 가족이 생각나 마음이 시릴 때가 많았다. 인왕산 산기슭에서 철거를 경험하며 나는 일찍 철이 들었다. 처음 철거를 경험한 것이 초등학교 5학년 때였다. 열두 살에 이미 나는 서울의 삶이 얼마나 치열하고 팍팍한지를 알아가고 있었다.

비지 우거짓국, 그 한 끼의 기억

나를 철들게 한 것은 철거만이 아니었다. 통영에서 살 때는 부모님이 농사를 지었으므로 아무리 가난하다고 해도 끼니 걱정은 없었다. 하지만 서울은 달랐다. 뭐든지 사 먹어야 하는 서울에서는 아홉 식구한 끼를 해결하는 일이 큰 걱정거리였다. 아버지는 고향 미륵도에서 '선상님' 소리를 듣는 성실한 농부였지만, 서울에서는 시장에서 허드렛일하는 노동자였고, 아무도 알아주지 않았다. 그래도 우리 집은 부모님과 큰형님이 일을 했으므로 굶을 정도는 아니었지만, 그렇다고 배불리 먹을 수 있는 형편도 못 되었다. 고기는 고사하고 달걀 반찬을 먹는 것조차 연중행사였다.

'싼값에 온 식구가 배불리 먹을 수 있는 게 무얼까?'

어머니들의 고민은 계절 따라 다르게 해소되곤 했는데 그중에서도 우리 어머니가 가장 좋아했던 메뉴가 김장철 '비지 우거짓국'이었다. 비지 우거짓국은 글자 그대로 두부를 만들고 남은 찌꺼기인 비지와 실하지 않은 배추의 겉 부분인 우거지를 넣고 끓인 국으로, 비지와 우거지가 가장 중요한 재료다. 다행히 비지와 우거지는 조금만 발품을 팔아도 아주 싼값에 구하거나 운이 좋으면 공짜로 구할 수 있었는데, 그 역할은 주로 기선 누님과 나에게 맡겨졌다.

먼저 비지는 집 근처 교남동 두부 공장에 가면 가장 싸게 구할 수 있었다. 공장 앞은 늘 비지를 사려는 사람들이 줄을 서 있었다. 나와 누님은 그 대열에 합류해 비지를 기다렸다. 때로는 새벽 5시에 줄을 서야 하고, 사람이 많을 때는 추위에 떨며 기다려야 했지만 우리 식구가 모두 배부르게 한 끼를 먹을 수 있을 만큼의 비지를 구하면 그것으로 좋았다. 비지를 손에 들고 무악재 고갯길을 넘는 내내, 마음은 독립문 영천시장에 먼저 도착해 있었다. 영천시장은 서울로 들어오는 농산물의 집결지였고, 김장철이면 우거지가 시장통을 뒹굴었다. 그 우거지가 우리 가족의 밥상에 오르기 전, 나는 누님과 함께 추위를 견디며 우거지를 모았다.

특히 김장철이면 시장통에는 배추를 팔면서 떼어낸 우거지가 굴러다녔다. 그중에는 배추를 팔다가 떨어진 부분도 있어, 그냥 버리기 아까운 상태의 우거지가 꽤 많았다. 우리가 노리는 것이 바로 그것이었다. 나와 누님은 배추 가게 주위를 맴돌며 비교적 상태가 좋은 우거지를 모아 집으로 가져왔다. 그런 날은 항상 밥상 위에 김이 모락모락 나는 비지 우거짓국이 푸짐하게 올라왔고, 우리 식구들은 오래간만에 배불리 먹을 수 있었다. 비지 우거짓국은 먹고 돌아서면 금세 배가 고팠다. 하지만 배고프다고 투정 부릴 여유는 없었다. 그 시절은 굶는 아이들이 많았던 때이므로 나와 우리 형제들은 굶지 않고 비지 우거짓국이라도 먹는 것에 감사하고 또 감사했다.

서울살이, 다시 시작된 여정

내가 초등학교 5학년 때 우리 가족은 서울로 이사하게 되었다. 당시 고향을 떠나는 이들은 대부분 사정이 같았다. 고향에서 농사를 지어도 자식들과 먹고살기 힘들어서이거나, 더 이상 농사지을 땅이 남아 있지 않아서였다. 아버지는 통영에서도 여러 차례 이사했다. 그래서 나는 통영에서만도 세 번이나 전학을 다녀 유영·충렬·통영 초등학교에 적을 두었다.

부모님은 열심히 농사를 지으시고 우리도 부모님을 도와 농사일을 거들었다. 더 나아가 큰형님과 작은형님, 그리고 내 바로 위의 누님과 나는 집안 살림에 보탬이 되기 위해 신문 배달 같은 일을 했지만 형편은 조금도 나아지지 않았다. 결국 부모님은 8남매를 데리고 아무 연고도 없는 서울행을 선택하셨다. 4학년 때는 아이스케키 장사를 했고 형님을 따라 신문 배달을 했다. 특히 서울로 떠나기 1년 전부터 가정이 경제적으로 많이 어려웠다.

"사람 많은 도시로 가보재이. 너그들한테도 통영보단 서울이 나을 기다."

　나는 어렸기 때문에 아무것도 모르고 부모를 따라 서울로 왔다. 그런데 내 바로 위의 형님은 달랐다. 당시 형님은 중학교 2학년이었는데, 서울로 가지 않고 통영에서 중학교를 마치겠다고 했다. 형님이 남는다고 해서 부모님이 해줄 수 있는 것은 아무것도 없었다. 이미 땅은 없는 상태였고 그나마 살던 집도 팔아치운 상태였다. 그런데도 형님은 뜻을 굽히지 않았다. 형님은 고향에서 중학교를 마치고 올라오겠다고 했다. 알아서 할 테니 걱정하지 말라고 했다. 그때 나는 나이가 어려서 형님이 왜 그런 결정을 했는지 잘 이해할 수 없었다. 형님을 이해하게 된 것은 서울로 이사와 내가 중학교에 가야 할 시기에 이르러서였다. 형님은 이미 알고 있었던 것이다. 서울로 가도 뾰족한 수가 생기지 않는다는 것을, 이대로 서울로 가면 중학교조차 졸업할 수 없다는 것을.

　그렇게 해서 우리는 1962년, 둘째 형님을 제외하고 서울로 오게 되었다. 우리는 통영에서 밤배를 타고 부산까지 간 후 부산에서 서울행 기차를 탔다. 난생처음 부산이라는 도시에 가보고 기차를 타보는 것이었지만 그것을 즐길 여유는 없었다. 서울에는 우리를 기다리는 친척도, 우리가 살 집도 없다는 사실을 알고 있기 때문이었다. 서울로 가는 기차 안에서 아버지는 우리에게 계속해서 말씀하셨다.

　"서울에 도착하면 정신 바짝 차려야 한데이. 눈 감으면 코 베어 가는 곳이 서울이란 걸 잊으면 안 된데이."

　잠이 들어서도 난 아버지 말을 떠올렸다. 눈 감으면 코 베어 가는 곳. 어린 나에게 그 말은 낯설기만 한 서울을 더욱더 섬뜩하게 만들었다. 하지만 나는 곧 그 말이 사실이라는 걸 실감할 수 있었다. 어머니가 흔들어 깨워 일어나보니 서울역에 다 와 가고 있었다. 그때부터 전쟁이 시작되었다. 기차 안에서는 짐을 들고 서로 먼저 내리려는 통에 정신이 없었고, 반대로 밖에서는 손님을 맞기 위해 짐꾼들이 북새통을 이루어 서울역은 순식간에 아수라장이 되었다. 이불과 옷, 그리고 살림살이 등을 바리바리 싸 들고 아이들과 함께 갓 상경한 사람들은 비단 우리 가족뿐만이 아니었다.

그런 모습으로 서울역에 도착한 이들이 찾아간 곳은 다름 아닌 무허가 판자촌이었다. 우리도 예외는 아니어서 인왕산 중턱에 방 두 칸짜리 집을 마련했다. 버스 정류장에서 내려 집까지는 한참을 걸어야 했지만, 그나마 식구들이 모여 살 수 있는 집이 있다는 것에 우리는 감사했다.

정직·성실·원칙이라는 유산

　자라면서 알게 된 사실이 또 하나 있는데, 바다는 아름답기도 하지만 때로 거칠기도 하다는 것이다. 평상시엔 잠잠하다가도 한번 화가 나면 그칠 줄을 몰랐다. 밤새 비바람이 몰아쳤고 며칠 동안 비를 뿌린 후에야 잦아들었다. 사납고 거친 파도와 맞서야 하는 바닷가 사람들은 더불어 강하게 단련될 수밖에 없었다.

　우리 집은 바닷가 바로 옆에 살았음에도 불구하고 부모님은 농사를 지으셨다. 미륵도에 살 때도 그랬고, 통영 시내로 이사 온 후에도 부모님은 늘 농사지을 땅부터 걱정하셨다. 땅은 부모님께 단순한 생계 수단이 아니었다. 소작에서 시작해 한 평, 두 평씩 모아온 그 땅은 고단한 세월을 버텨온 증거였고, 자식들에게 물려주고픈 소중한 삶의 근거지였다. 그래서인지 아버지는 우리가 아주 어릴 때부터 자식들을 데리고 논밭을 둘러보는 걸 즐기셨다. 그때마다 아버지는 당신이 어떤 삶을 살아왔는지, 어떻게 땅을 일구게 되었는지 말씀해 주곤 하셨다. 아버지는 일제 치하에서 겨우 초등학교를 마치셨다. 초등학교 졸업 후 아버지는 공부를 더 하기 위해 부단히 노력했다고 한다. 하지만 할아버지는 뜻이 달랐단다.

"공부는 무슨 공부냐. 열심히 일해서 돈 벌어라."

결국 아버지는 돈을 벌어 공부하겠다는 생각에 일본까지 갔지만 뱃일만 하다가 돌아와야 했다. 그 일이 가슴에 남으셨는지 아버지는 우리 앞에서 혼잣말로 항상 되뇌곤 하셨다.

"할아버지가 사람은 배워야 한다고 하셨더라면 나도 공부할 수 있었을 텐데……."

그 후 아버지는 배움에 대한 갈망을 마을회관에서 학교에 가지 못하는 아이들과 글을 깨치지 못한 어른들에게 한글과 산수, 주판 등을 가르치는 것으로 대신했다. 마을 아이들과 어른들을 성심껏 가르친 덕에 아버지는 마을에서 아이들에겐 존경받는 '야학 선상님'이었고, 어른들 사이에서는 '법 없이도 살 사람'으로 통했다. 그런 아버지가 자식들에게 유난히 강조하신 것이 정직과 성실, 그리고 원칙이었다.

"사람은 모름지기 정직하고 성실해야 한데이. 그리고 매사에 원칙을 잃으면 안 되는 기라. 이 세 가지만 잘 지키면 살면서 손가락질 받는 일은 없을 거다."

어려서부터 항상 듣고 자랐기 때문에 나는 아주 오랫동안 그 말의 소중함을 모른 채 지냈었다. 아버지 말씀에 담긴 뜻을 내가 이해한 것은 안타깝게도 훗날 어른이 되었을 때였다. 돌아가시기 직전, 국회의원이 된 후에도 아버지는 나를 앉혀 놓고 같은 말씀을 하셨다.

"군현아, 국회의원이 됐으니 더 정직하고 성실해야 한데이. 그리고 원칙을 잃으면 안 되는 기라. 이 세 가지만 명심하면 못 배운 사람도 다른 이들한테 존경받을 수 있는 기라. 더구나 정치인은 신뢰가 생명 아이가? 이 세 가지만 잘 하면 신뢰 얻는 건 시간문제인 기라. 반대로 세 가지 중 하나라도 빠지면 니는 정치꾼밖에 안 된데이. 내 말 알겠제?"

그제야 나는 비로소 아버지의 말씀을 온전히 이해할 수 있었다. 그 말 속에는 배우고 싶었음에도 불구하고 배우지 못 한 아버지의 한이 녹아 있었다. 또한 아버지가 정직, 성실, 원칙을 지키는 삶을 통해 이루고자 하는 것은 '신뢰'였다.

'정직, 성실, 원칙!'

이 세 가지는 아버지가 세상 사람들에게 신뢰를 얻을 수 있는 방법이었다. 그런 면에서 아버지는 자신이 이루고자 하는 것을 이룬 분이다. '법 없이도 살 사람'이란 마을 사람들의 평가가 이를 잘 말해주고 있는 것 같다.

바다에서 배운 삶의 철학

    내 고향은 경남 통영시 산양읍 남평리다. 산양읍은 미륵도 안에 있다. 지금은 산양 일주도로가 생겨 미륵도가 통영에서도 경치 좋기로 유명한 관광지가 되었지만, 내가 어릴 적에는 평화롭고 조용한 섬마을이었다. 한 가지 특이한 점이 있다면, 예나 지금이나 해저 터널을 통해 들어갈 수 있는 우리나라 유일의 섬이라는 것. 해저 터널은 1920년대, 일본인들이 설치한 것이었다. 원래 통영 시내와 미륵도 사이에 해협이 있었는데, 그곳에 바닷물을 막아서 터널을 지었다고 한다. 덕분에 미륵도는 배를 타지 않고도 통영 시내를 오갈 수 있었으므로 섬이긴 하지만 육지와 다름없는 곳으로 여겨졌다. 시내로 장 보러 갈 때 부모님을 따라 터널을 지나다녔던 기억이 지금도 생생하다.

    고향 마을 남평리는 사방 어디를 둘러봐도 푸른빛으로 출렁이는 바다가 보였다. 눈이 시리도록 푸른 바다, 반짝반짝 빛나는 쪽빛 바다, 에메랄드처럼 푸른 바다……. 자라면서 이런 표현을 보고 들을 때마다 나는 고향 바다를 떠올리곤 했다. 정말로 통영의 바다는 너무

맑고 투명해서 가만히 바라보고 있으면 바다의 바닥이 보였다. 또 너무 푸르러 내 몸이 쪽빛으로 물들 것만 같았다.

나의 호는 남평藍坪이다. 남평은 쪽빛 들녘이란 뜻이다. 내가 호를 남평으로 정한 것은 고향에 대한 그리움 때문이다. 영원한 어머니 품과도 같이 포근하고 때 묻지 않은 시골 고향의 에메랄드빛 같은 쪽빛 햇살과 들녘, 갯내음을 항상 느끼고 싶었기 때문이다. 지금은 고향을 떠나 있지만 항상 내 마음속에 고향을 간직하고 고향의 순수하고 청명한 모습을 닮고 싶었기에 고향마을 이름을 따서 남평이라 호를 지었다.

이런 아름다운 통영 바다와 들녘, 산 등 자연의 축복으로 한국 예술계의 많은 인물들이 이곳 통영에서 탄생한 것 같다. 시인 유치환, 김춘수, 작가 박경리, 작곡가 윤이상, 화가 전혁림 등 한국 예술계를 대표하는 걸출한 거장들을 낳았다.

그렇게 맑고 깨끗한 바다가 바로 미륵도 아이들의 놀이터였다. 마을 앞 바다는 수영장이었고 넓은 백사장은 운동장이었다. 바닷가는 놀거리가 무궁무진했다. 수영, 고기잡이, 다이빙, 잠수……. 우리는 수영하다가 심심하면 고기를 잡고, 고기잡이가 재미없어지면 백사장에서 축구 놀이를 하고 놀았다. 하지만 뭐니 뭐니 해도 우리들 사이에서 가장 인기 있는 놀이는 '거북섬 왕국 놀이'였다.

거북섬은 이름 그대로 거북이 모양을 한 섬으로, 우리가 사는 뭍에서 1킬로미터 정도 떨어진 곳에 있는 무인도였다. 우리는 그곳을 아지트 삼아 우리만의 왕국을 만들었다. 왕국놀이를 위해서는 약간의 준비가 필요했는데, 가장 중요한 것이 식량이었다. 거북섬 왕국 놀이가 있는 날이면 우리는 부모님 몰래 먹을거리를 준비해 집을 나섰다. 아침 일찍부터 저녁까지 하루 종일 댓 명의 아이들이 놀 수 있는 식량이 모이면 왕과 신하, 왕자와 공주 등 왕국에서의 역할을 정한 후 본격적인 놀이에 들어갔다. 역할은 그날그날에 따라 바뀌어 신하가 된 날은 대나무 꼬챙이에 쇠를 꽂아 만든 작살을 이용해 열심히 고기를 잡았고, 왕이 된 날은 신하들이 잡아다 준 고기를 맛있게 구워 먹었다.

바닷가 아이들에게 바다는 비단 놀이터일 뿐만 아니라 훌륭한 스승이기도 했다. 바다가 내게 준 가장 큰 선물은 끝없이 펼쳐진 미지의 세계를 향한 상상이었다. 그 상상의 출발점은 파도, 수평선도 아닌 바다를 가로지르던 배들이었다. 배는 나를 새로운 세계로 이끄는 상징이자, 가능성의 표상이었다. 해 질 녘 산등성이에 앉아 바다를 바라보면 배들이 분주하게 오가는 모습을 볼 수 있었는데, 그 배를 보면 궁금한 게 한둘이 아니었다.

'저 배들은 어디서 와서 어디로 가는 것일까?'

'저 배를 타면 어디까지 갈 수 있을까?'

'그 안엔 어떤 사람들이 어떤 꿈을 품고 있을까?'

아이였던 나는 그런 상상을 수없이 반복했는데, 그럴 때마다 가슴은 두근거렸고 시선은 수평선을 떠나지 못했다. 어려서는 그저 한산도나 비진도, 욕지도 등 인근 섬을 떠올렸지만, 좀 더 자라서는 부산, 여수를 떠올렸고, 아버지가 배를 타고 일본에 가서 몇 년 사셨다는 이야기를 들은 후에는 일본을 상상하게 되었다. 이런 생각을 하면서 나는 언젠가 어른이 되면 바다 건너 다른 나라에 꼭 한 번 가보겠다고 생각했다. 바닷가에서 배를 바라보며 미지의 세계에 대한 동경과 상상을 많이 했던 것 같다.

소년 노동자, ✳————————————————————

카이스트 교수를 넘어 ✳————————————————————

2부

더 넓고 깊은 지식과 경험의 세계를 꿈꾸다

지식은 단순히 책 속에서만 얻어지는 것이 아니다.
알고자 하는 욕구, 새로운 세계에 대한 호기심,
다양한 체험과 도전이 쌓여야 비로소 살아 있는 지식이 된다.

교육은 학생에게 단순한 암기가 아닌,
세상과 부딪히며 배우는 경험을 제공해야 한다.
그것이 진정한 배움이고, 더 깊은 사고력으로 이어진다.

스펀지처럼 배우다

'언젠가는 공장을 떠나 다시 배움의 길로 가겠다.'라는 다짐이 늘 마음속에 있었지만, 현실은 좀처럼 기회를 주지 않았다. 지독한 여름 세 번을 견디고, 네 번째 해가 되던 1967년, 드디어 나에게도 출구가 생겼다. 그것은 단순히 퇴사가 아니라, 완전히 새로운 삶을 향한 첫걸음이었다. 그 무렵 둘째 형님이 은행에 다니게 돼 우리 집은 조금씩 안정을 찾아가고 있었다. 나를 배움의 길로 이끈 것 역시 둘째 형님이었다.

"군현아, 더 늦으면 공부하고 싶어도 못 한다. 올해는 꼭 공부를 시작하자. 집안일은 이제 내가 맡을 테니, 너는 고등학교에 들어갈 수 있는 준비를 해봐라."

형님의 말은 마치 막혔던 둑을 터뜨리는 물살 같았다. 지난 4년간 가슴 깊숙이 쌓여 있던 미련과 절망이 그 말 한마디에 스르르 풀렸다. '이제 다시 시작해도 되는구나.' 하는 안도와 벅참이 동시에 밀려왔다. 그 후 1967년 음력설을 기점으로 공장을 그만두고 가장 먼저 검정고시 학원을 찾아 고입 검정고시에 대한 정보부터 알아보았다. 친구들보다 무려 4년이나 늦어 있었지만, 그해 고입 검정고시에 합격해 다음 해 고등학교에 입학하면 동년배들과의 차이는 단 1년. 그 생각만으로도 가슴이 뛰었고, 잃어버린 시간을 찾는 듯한 희망이 생겼다.

그해 고입 검정고시 일정은 5월과 10월에 있었다. 정규 중학교에 다니지 않고 독학한 내게는 총 아홉 과목, 그것도 체육과 미술까지 포함한 모든 필기시험을 통과해야만 했다. 단 한 과목만 낙제해도 모두 무효가 되는 시험이었다. 부담감은 상상 이상이었다. 합격 기준은 평균 60점 이상, 그리고 한 과목이라도 40점 이하로 맞으면 불합격이었다.

나는 우선 5월 시험을 목표로 준비했다. 그때가 3월이었으므로 중학교 3년 치 공부를 석 달 안에 마쳐야 하는 상황이었다. 하지만 결과는 참담했다. 5월 시험에서 62.5점을 맞은 미술 한 과목을 제외하고 모두 불합격이었다. 3년이라는 기간이 결코 짧은 시간이 아니었음을 새삼 느낄 수 있었다. 잠을 쫓아가며 옷들과 씨름하면서 보낸 3여 년 동안 공부와 상당히 멀어진 것이었다.

'너무 늦은 걸까?'

하지만 실망할 시간도 없었다. 10월에 있을 시험에 합격해야만 다음해에 고등학교에 들어갈 수 있었다. 만약 그렇지 못하면 그 후년에야 갈 수 있게 되는데, 그 공백이 너무 컸다. 다시 도전. 10월 시험은 10월 9일과 10일 경복고등학교에서 치러졌다. 나는 독서실에서 먹고 자면서 공부에 전념했다. 그 결과 10월 시험에 간신히 합격할 수 있었다. 시험 후 지금 시청 별관 자리에 있는 교육위원회에 가서 내 이름을 대고 성적을 확인하는 순간 눈물이 핑 돌았다.

'전 과목 합격!'

돌아오는 길에 지난 3년간의 일들이 하나하나 떠올랐다. 처음 영미사에 찾아갔을 때, 일을 마치고 컴컴한 밤길을 걸어 집으로 돌아오다가 종로파출소에서 통금 위반으로 붙잡혔던 일, 졸다가 단추를 잘못 달아 혼쭐났던 일, 첫 월급을 탔을 때의 기쁨, 월급날 도시락 대신 사 먹던 자장면, 『상용한자 3천 자』를 사러 가던 날의 아픔……. 이것이 내가 다닌 평화시장 생활의 일상이었다. 인정 많은 사람들이 모여 열심히 일하던, 비록 중학교 교복을 입고 학교에 다니며 친구들과 추억을 쌓지는 못했지만, 나는 그렇게 영미사 생활을 정리하며 평화시장을 졸업했다.

예정보다 기간은 길었지만, 그 시련과 역경이 있었기에 검정고시 합격이 더욱 값지게 느껴졌다. 교복이 얼마나 소중한지, 공부한다는 것이 얼마나 감사하고 행복한 일인지를 깨달으며 고등학교 생활을 시작할 수 있었다. 그때 내 몸은 한마디로 스펀지였다. 바싹 말라 있는 스펀지는 어중간하게 젖어 있는 스펀지보다 물을 더 잘 빨아들이기 마련. 그 무렵의 나는 너무 공부하고 싶었고, 알고 싶은 것이 너무 많았고, 배움에 대한 갈증이 너무 컸기 때문에 스펀지처럼 빨아들인 게 아닌가 싶다.

『상용한자 3천 자』를 품다

공장 일은 열네 살이 감당하기에 결코 쉬운 일이 아니었다. 공장은 창문이 없어 사방이 밀폐되어 있었는데, 그 안에서 서른 명 넘는 사람들이 아침부터 밤늦은 시간까지 일을 하노라면 머리가 지근지근 아팠다. 거기에다 하루 종일 돌아가는 미싱의 둔탁한 기계음 때문에 귀가 언제나 멍멍했다. 가장 견디기 어려울 때는 여름에 야근할 때였다. 한여름 공장 안은 섭씨 40도가 넘어 희미한 전등불 아래 여기저기 뛰어다니다 보면 온몸이 땀투성이가 되었다. 미싱이 돌아가면 나도 생각을 하고, 미싱이 멈추면 내 사고도 정지되는 듯했다. 그렇게 일을 하고 집에 돌아가면 곯아떨어지기 일쑤였다. 내가 안타까운 것은 일이 많고, 몸이 힘들어서가 아니었다. 공장 일을 시작하면서 나는 고생하는 부모님을 위해 참아내겠다는 각오를 한 터였다.

'이 정도 고생, 나만 하나?'

또 뭘 믿고 그랬는지는 모르지만, 언젠가는 이 고생이 끝나는 날이 올 거라는 믿음이 있었다. 하지만 항상 속이 헛헛한 것만은 어쩔 수 없었다. 쉬는 날이면 나는 인왕산에서 북한산까지 땀을 뻘뻘 흘리며 달려갔다 오곤 했는데, 나이 들어 생각해 보니 뭔가 채워지지 않는 것이 있었기 때문에 그랬던 것 같았다. 그 공허함은 배움에 대한 목마름에서 나온 것이었다.

'친구들처럼 나도 공부해야 하는데……..'

당시 가장 부러운 것이 교복을 입고 학교에 가는 동네 친구들이었다. 나는 틈만 나면 공부할 기회를 찾았다. 그러다가 알게 된 곳 중 하나가 아현동 웨슬리안 교회 무료 영어 강좌였다. 선생님은 대학생 형과 누나들이었는데, 나에게는 형과 누나들이 천사로 보였다.

'그것도 보통 천사가 아니라 영어를 잘하는 천사!'

처음 영어를 접했을 때는 너무 신기하고 재미있어 수업 시간을 기다리며 시간 가는 줄 모르고 일했다. 수업에 가면 맨 앞자리에 앉아 가장 큰 목소리로 따라 했다.

"자, 따라 해보세요. A, B, C, D, E, F, G."

"에이, 비, 씨, 디, 이, 에프, 지."

나는 'A'도 좋고 'B'도 좋고 'C'도 좋았다. 아니, 알파벳이 좋았다. 알파벳은 그동안 내가 써오던 말과는 전혀 다른 느낌이 들었다. 낮에 일할 때도 알파벳 송을 흥얼거리며 일하자 일도 더 즐겁게 느껴졌다. 하지만 거기까지였다. 겨우 알파벳을 뗄 쯤부터 야근이 많아 도저히 수업을 받으러 갈 수 없게 된 것이다. 처음 며칠간은 '내일은 꼭 가야지!'라는 생각이었다. 그러나 한 주일, 두 주일이 지나자 자신감이 사라지면서 엄두가 나지 않았다.

'지금 가면 내가 수업을 따라갈 수 있을까?'

결국 시간이 흐르면서 어렵게 배운 알파벳 송도 잊어버리고, 영어 공부는 중단되었다. 그렇게 시간이 흘러 3년째 접어들었을 때 작은 사건이 일어났다. 직장에서 서류가 필요하다고 해서 동사무소에 갔는데 담당 직원이 나에게 묻는 것이었다.

"이게 네 이름 맞니?"

서류를 내밀던 직원의 질문에 나는 대답하지 못하고 머뭇거렸다. 그가 가리킨 곳에 한자로 쓰인 내 이름이 있었지만, 그것이 맞는지조차 알 수 없었다. 순간 얼굴이 화끈 달아오르고, 손끝이 떨렸다. 그때 처음으로 느꼈다. 한자를 모른다는 것이 얼마나 부끄럽고 무서운 일인지를.

순간 너무 당황해 얼굴이 빨개졌다. 그때까지 나는 내 이름을 한자로 정확히 쓸 줄도 읽을 줄도 몰랐기 때문이다. 누가 가르쳐주는 이도 없었고, 배워야 한다는 필요성을 느끼지도 못했다. 얼굴이 빨갛게 달아오른 나를 보고서야 직원은 눈치챘는지 목소리를 낮춰 조용히 물었다.

"한자 모르니?"

"네."

"몇 살이야?"

"열네 살이요."

"학교 안 다녀?"

"네."

잠시 후 직원은 서류를 건네주며 말했다.

"적어도 네 이름 석 자는 한자로 써야 먹고사는 데 지장이 없을 거다. 중학교 못 나왔다고 해서 모두 한자로 이름을 못 쓰는 것은 아니라는 걸 명심해라. 너 스스로 할 수 있다는 얘기야. 알아들어?"

며칠 후 야근 없는 퇴근길에 나는 시장에 들렀다. 언젠가 시장 입구에서 리어카에 카보나이트 불빛을 밝힌 채 책 파는 것을 본 기억이 났던 것이다. 동사무소 직원의 말이 머릿속에서 떠나지 않았다. '적어도 네 이름 석 자는 한자로 써야 먹고사는 데 지장이 없다.'라는 말. 며칠 뒤, 시장에서 우연히 마주친 리어카 책방 앞에 멈춰 섰고, 나는 망설임 없이 『상용한자 3천 자』를 집어 들었다. 그날부터 나는 매일 신문지를 공책 삼아 한 자 한 자 써 내려가기 시작했다.

'그래, 한자부터 배우는 거야!'

그날부터 나는 신문지를 공책 삼아 '한 자' '한 자' 익혀나갔다. 가장 먼저 배운 것은 내 이름이었다.

李君賢

군현이라는 내 이름이 임금 군, 어질 현을 써서 '어진 임금'이라는 뜻이 있음을 깨달은 뜻깊은 날이었다. 그다음 익힌 것은 '李基焄'이었다. 이기훈은 내 처음 이름이다. 원래 우리 집은 '기'자 돌림으로 형님은 기호, 기반, 동생들은 기석, 기문, 기욱이다. 그런데 내가 두 살 무렵에 효봉 스님이 마당에서 놀고 있는 나를 보고는 이름을 군현으로 바꾸면 큰일을 할 아이라는 말씀을 하셨다고 한다. 그때까지 출생신고를 하지 않았던 터라 아버지는 스님의 말에 따라 이름을 기훈에서 군현으로 바꾸어 호적에 올렸다고 말씀해 주셨다.

　두 개의 내 이름을 한자로 배우고 나니 왠지 되게 유식하게 된 것 같아 마냥 기분이 좋았다. 그 후부터는 『상용한자 3천 자』를 보물처럼 들고 다녔다. 내게 그 책은 배움에 대한 갈증을 해소해 주는 유일한 돌파구일 뿐만 아니라 내가 희망을 버리지 않았다는 증표였다.

『동방 순례』의 레오처럼

　경청의 중요성은 수없이 많은 이들에 의해 강조되었다. 그중 대표적인 이가 『서번트 리더십』의 저자인 '그린리프'다. 그가 제시한 『서번트 리더십』은 단순히 남을 이끄는 것이 아니라, 구성원들이 공동의 목표를 달성할 수 있도록 정신적·육체적으로 힘을 북돋아주고 환경을 조성하는 리더십이다. 자신의 필요보다 타인의 필요를 우선시하고, 겸손한 마음으로 타인의 목소리에 귀 기울이는 리더야말로 사람의 진정한 신뢰를 얻을 수 있다는 것이 서번트 리더십의 핵심이다.

　경영학자인 그린리프가 서번트 리더십을 제안한 것은 1970년대 초반의 일이다. 그에게 영감을 준 것은 헤르만 헤세의 소설 『동방 순례』였다. 『동방 순례』는 제목 그대로 동방 국가를 찾아 여행을 떠나는 순례자들의 이야기로서, 레오는 순례자들이 편안히 여행할 수 있도록 돕는 하인이다. 순례 행렬에서 그의 역할은 낮에는 식사 준비를 비롯한 온갖 허드렛일을 하고, 저녁에는 지친 순례자들을 위해 악기를 연주하는 일이었다. 하는 일은 많았지만, 누구 하나 그를 눈여겨

보는 사람이 없었다. 그러던 어느 날 갑자기 레오가 사라져 버렸다. 그다음부터 순례 행렬은 엉망이 되었다. 레오의 도움을 받지 못하면서 분란이 생기기 시작하고, 피곤함에 지친 순례자들 사이에 싸움이 잦아진 것이다. 그때서야 그들은 레오의 소중함을 깨닫는다. 그리고 순례자들 사이를 돌아다니며 필요한 것이 무엇인지 살피고 지친 순례자들을 위해 악기를 연주한 레오가 순례 행렬의 진정한 리더였음을 알게 된다는 것이 『동방 순례』의 내용이다.

그린리프는 주인공 레오를 통해 새로운 리더상을 보았고, 당시 월남전으로 미래의 희망을 상실한 젊은이들을 위해 '지도자로서의 서번트'를 발표했다. 그 후 『서번트 리더십』 '머슴으로서의 교육자'를 발표하여 주목을 받았다. 재미있는 점은, 그린리프가 '지도자로서의 서번트'를 발표한 것이 1970년대이고, 유명을 달리 한 것은 1990년이다. 즉 그는 21세기를 보지 못했지만, 21세기의 화두로 '서번트 리더십'을 제안한 셈이다.

미국에서 교육행정을 공부하며, 비교적 일찍 그린리프의 책을 만났는데 『서번트 리더십』을 읽었을 때 무척 신선했다. 서번트 리더십이 나오기 전까지 세인들의 모델이 된 리더십은 한마디로 '나를 따르라'였다. 물론 그런 리더십 모델이 통하는 시대와 상황이 있었던 것도 사실이지만, 이젠 서번트 리더십 모델이 공감과 지지를 받는 시대가 도래했다는 생각이 들었다.

막연한 기억으로 남아 있던 서번트 리더십이 다시 한번 가슴깊이 다가온 것은 교총 회장에 출마할 때다. 당시 교총은 우리나라 교원

36여만 명 중 20여만 명이 가입한 단체로, 회원은 유치원 교사에서부터 대학교수에 이르기까지 다양했다. 그런 거대 조직의 회장으로 출마하는 일은 내 인생에 가장 큰 도전이었다. 회장에 출마하면서 나는 이렇게 각오를 다졌다.

'다른 건 몰라도 회원들을 위해 봉사할 자신은 있다. 『동방 순례』의 레오가 했던 것처럼, 그렇게만 일하자.'

그렇게 다짐하자 자신감이 생겼다. 당시 내게 가장 필요한 것은 자신감이었다. 역대 교총 회장은 장관 혹은 대학 총장을 역임한 이들로 전국적인 지명도를 갖고 있었다. 문교부 장관을 역임한 오천석 박사, 박동묘 전 성균관대 총장, 백낙준 전 연세대 총장, 이영덕 전 총리, 현승종 전 총리 등 모두 쟁쟁한 거물급들이었다.

하지만 나는 달랐다. 내가 가진 경력은 대외적으로 중학교 교사, 교육행정학을 전공한 카이스트 교수, 교총 대전 회장이 전부였다. 전국적인 지명도 대신 내가 갖고 있는 것은 교육에 대한 애정과 포부였다. 교육행정학을 공부하며 배우고 익힌 내용을 현장감각과 접목시켜 한국의 교육 정책을 올바로 바꿔보고 싶은 포부. 그래서 당시로서는 내 인생에 버거운 도전이라 할 수 있는 교총 회장에 출마할 용기를 낸 것이다. 출마 당시 내가 믿은 것은 오랫동안 교원을 상대로 강의를 통해 얻은 현장 감각이었다. 교수로 재직할 때, 나는 교사·교감·교장 등 다양한 계층의 교육자를 상대로 강의해 왔다. 그 오랫동안의 강의와 선생님들과의 대화를 통해 자연스럽게 우리나라 전반의 교육 현실을 꿰뚫어 보는 안목을 키울 수 있었다. 교육 정책을 바로잡아보겠다는 결심이 선 것도 바로 이런 배경 때문이었다고 할 수 있다.

선거 과정에서는 예상치 못한 많은 어려움이 있었다. 그건 학자로 살아온 나에게 견디기 힘든 고통이었지만, 그때마다 나는 생각했다. 역경은 축복이라고, 봉사하는 리더가 되기 위해 겸손을 배우는 과정 이라고.

"진정" 하고 싶은 것을 하라

살다 보면 인생 새옹지마라는 말이 꼭 들어맞을 때가 있다. 당장은 좋지 않은 일이지만 그것이 오히려 복이 될 수도 있고, 복이라고 생각한 일이 화가 되기도 한다. 그것이 바로 인생의 묘미인 듯싶다. 만약 우리의 인생이 앞으로 어떻게 될지 훤히 내다보인다면 그것만큼 재미없는 것도 없을 것이다.

나 역시 내 인생에서 새옹지마를 경험한 적이 있다. 바로 고등학교 3학년 때 은행 취직 시험에 떨어져 대학에 가게 된 일이다. 그때 나는 내가 은행 입사 시험에서 떨어질 것이라고 생각하지 않았다. 나뿐만 아니라 학교 선생님과 친구들, 그리고 부모님까지도 합격 여부보다는 얼마나 좋은 성적으로 붙을지를 은근히 기대하고 있었다. 그 때문에 불합격 소식은 너무나 뜻밖이었고 큰 충격이었다.

"군현아, 은행이 전부는 아니다. 네 실력이면 어디든 갈 수 있으니 다른 길을 찾아보자."

"누구나 실수할 수 있데이. 이번이 마지막 실수라고 생각하면 안 되겠나?"

선생님과 아버지의 위로도 귀에 전혀 들어오지 않았다. 당시 내 머릿속에는 한 가지 생각밖에 없었다.

'떨어질 것을 염려했던 친구도 붙었는데, 왜 나만 떨어진 걸까?'

이런 생각에 빠져들자, 세상이 원망스러웠다. 고등학교 3년 내내 이 악물고 공부했던 것이 수포로 돌아갔다는 생각과 패배 의식으로 스스로에 대한 원망만 걷잡을 수 없이 커졌다. 그런 내 원망을 가라앉혀준 사람은 둘째 형님이었다. 어느 날 형님은 나를 집 앞 공터로 데리고 가 호되게 꾸짖었다. 형님이 그렇게 화내는 모습을 본 적이 없는 나로서는 그 기세에 눌려 조용히 침묵을 지킬 수밖에 없었다. 하지만 형님이 하는 이야기를 듣고 싶은 생각은 조금도 없었다. '시험에 떨어져 본 적도 없는 형이 내 마음을 알 턱이 없어.' 내 마음속에는 이런 생각이 자리하고 있었다. 하지만 어느 순간, 형님의 말에 푹 빠져 있는 나를 발견했다. 그 시작은 '실패를 두려워하지 말라.'는 대목에서부터였다. 형님은 마치 자신에게 말하듯 조용조용 말을 이어 갔다.

"군현아, 세상에 실패 없이 이룬 성공은 없어. 실패는 독이 아니라 약이 될 수도 있어. 약이 되게 만들 수 있는 사람만이 그 실패를 넘어서는 거야. 무너지면 독이고, 일어서면 약이지."

그리고 나서 형님은 링컨이 다섯 번이나 선거에서 패배했고, 리처드 바크의 『갈매기의 꿈』은 열여덟 번이나 출판을 거절당했으며, 홈런왕 베이브 루스는 714개의 홈런을 치기 위해 1,330번의 삼진을 당했다는 예를 들더니 이렇게 결론을 내렸다.

"성공한 사람들에게 실패는 성공으로 가는 디딤돌일 뿐이다. 지금 너도 마찬가지야. 은행 시험에 떨어진 것이 실패로 남을지 성공으로 가는 디딤돌이 될지는 지금부터 네가 어떻게 하느냐에 달려 있다는 걸 잊지 마라."

형님의 말을 들으면서 나도 모르게 '다시 시작하자.'라는 생각을 갖게 되었다. 마음을 다잡고 나니 문득 한 가지 질문이 떠올랐다. '내가 정말 원했던 게 무엇이었을까?' 단 한 번도 진지하게 생각해 본 적 없는 질문이었다. 그 질문 앞에서 나는 오래도록 멈춰 설 수밖에 없었다. 이제까지 한 번도 생각해 보지 않은 질문이었다. 또 누군가 그런 질문을 해 오는 이도 없었다. 그 질문을 마주하고서야 나는 그동안 내가 미래를 생각할 때 항상 현실을 고려한다는 생각에 지레 겁먹고 한 발짝도 더 나아가려 하지 않았다는 결론에 이르렀다. 고등학교 시절, 나는 줄곧 은행원이 되어 야간대학을 다니는 삶을 상상했다. 그러나 그것은 진심에서 나온 꿈이라기보다는, 가정형편이라는 현실 앞에 스스로 가능성을 낮춘 타협에 가까웠다.

'은행원이 아니라면 내가 정말 하고 싶은 일이 뭘까?'

그 질문을 할 때마다 머릿속으로 나는 이런 상상을 하게 되었다. 머리 하얗게 센 내가 근사한 양복을 입고 많은 사람 앞에서 이야기하는 모습이었다. 상상 속에서의 나는 공부를 많이 해 사회에서 존경받는 사람이었다. 그리고 그 상상이 바로 내가 하고 싶은 일이었다. 나는 공부를 더 하고 싶었던 것이다. 그것도 우리나라가 아니라 더 넓고 큰 곳으로 가서 박사 학위까지 따고 싶었다. 그것은 둘째 형님의 영향이 컸다.

형님은 어려서부터 우리 형제들 중 단연 돋보였다. 1등을 내놓은 적이 없었고, 농구·서예·미술 등 못하는 게 없었다. 어려운 형편에 형님만큼은 상급 학교에 진학할 수 있었던 것도 장학생의 길이 항상 열려 있었기 때문이었다. 하지만 형님 역시 집안 형편을 고려해 대학 대신 은행을 선택했고, 언젠가는 장학생으로 해외 유학을 가겠다는 꿈을 안고 열심히 일하고 있는 중이었다. 우리 식구 모두는 언젠가는 형님이 유학의 꿈을 이루어 낼 것이라 믿어 의심치 않았다. 형님은 우리에게 그런 존재였다. 그런 형님이 나는 항상 존경스러웠고 은연중에 형님을 닮고 싶다고 생각하게 된 모양이었다. 하지만 당시 우리 집 형편상 유학은 너무도 큰 사치였다. 그때까지 우리 집의 주요 수입원은 은행에 다니는 둘째 형님이었다.

형님의 월급으로 부모님과 우리 8형제가 살아갈 수 있었고, 내가 상업고등학교에 다닐 수 있는 것도 모두 형님 덕분이었다. 큰형님은 사업을 하고 있었지만 실패를 거듭했고, 부모님 역시 시장 일을 그만 둔 상태였다. 형님이 은행을 그만두면 내가 그 역할을 대신해야 할 상황이었다. 나는 기꺼이 형님의 뒤를 이어 가장 역할을 하기로 마음 먹고 은행에 취직하는 걸 목표로 고등학교 시절을 보냈던 것이다. 하지만 은행 취직 시험에 떨어지고 나서 곰곰 생각해 보니 가장 역할은 꼭 은행에 취직해야만 가능한 것이 아니었다. 그것은 스스로 나를 현실에 가둔 채 아주 소극적으로 선택한 미봉책일 뿐이었다.

그때부터 나는 눈앞의 현실을 해결하는 데 급급하기보다는 현실을 바꿀 수 있는 일에 도전한다는 마음으로 가장 역할을 하면서, 동시에 공부를 계속할 수 있는 길을 모색했다. 둘째 형님을 통해 국비 유학생 모집에 대한 정보도 듣고, 고등학교 선배 중 대학에 다니는 선배를 찾아가 상의하기도 했다.

생각을 바꾸자 보이지 않았던 길이 보이기 시작했다. 내가 찾은 길은 사범대학 영어과에 장학생으로 들어가는 것이었다. 당시 내가 유학을 갈 수 있는 가장 높은 가능성은 국비 유학생 자격을 얻는 것이었다. 당연히 그런 기회는 흔치 않으므로 대학에서 공부와 유학 준비를 병행하며 기회를 노리겠다는 것이 내 계획이었다. 그러기에는 영어과가 가장 적합하다고 생각했다. 영어는 유학 준비에 필수 과목일 뿐만 아니라 내가 가장 좋아하던 과목이었기 때문이다.

'대학비는 장학금으로 충당하고, 가정교사를 해서 생활비를 벌어 가장으로서의 역할을 하자!'

이것이 최초로 장기적인 안목에서 계획한 나의 첫 인생 플랜이었다.

인간 군현이

나이 들어 모교 총동문회에 나갔을 때 2년 후배인 신태수가 나에게 물었다.

"선배님, 그거 기억하세요? 우리가 저녁 때 학교에 남아서 공부하고 있는데, 하루는 수위 아저씨가 전기세 많이 나오니까 얼른 집에 가라고 마구 호통을 친 적이 있어요."

"그런 적이 있었나?"

내가 기억을 못하자 후배는 그때 상황을 자세히 설명했다.

"네. 그때 우리는 아저씨가 너무 무서워 기가 죽어 있었는데, 당시 선배는 고3이고 우리는 고1이었어요. 선배가 자리에서 벌떡 일어나더니 이렇게 말했죠. '아저씨, 학생이 공부하겠다고 학교에 남아 있는 게 잘못된 일인가요? 저희 대부분 집에 가면 공부방이 따로 없다는 거 잘 아시면서 너무하시네요.' 그러자 아저씨가 아무 말 못하고 그냥 돌아가더라고요. 그때 선배가 얼마나 대단해 보였는지, 아마 모르실 거예요."

후배 말을 다 듣고도 나는 그때 기억을 하지 못했다. 사실 나는 고등학교 때 '애늙은이'였다. 공장 생활을 하고 검정고시를 거쳐 고등학교에 입학해서인지 친구들도 나를 형처럼 생각해 어려운 일이 있으면 으레 내가 처리하는 것으로 생각했다.

또 그렇게 된 데는 한 가지 작은 사건이 있었다. 우리 반에는 권투 장학생으로 들어온 아이가 있었는데, 그 친구가 동기들을 조금 괴롭혔다. 그는 2교시가 끝나면 교실을 돌며 강제로 도시락을 열고 맛있는 반찬이 있으면 뺏어 먹곤 했다. 그런데도 반 아이들은 그 친구와 감히 맞서지 못했다. 나는 언젠가는 그 친구의 행동을 따끔하게 고쳐주겠다는 마음으로 기회가 오기를 기다렸다. 그러던 어느 날, 자습 시간에 일이 벌어지고 말았다.

"야, 전부 도시락 꺼내!"

그 소리에 조용하던 교실에 파문이 일었다. 여기저기서 불만 섞인 소리와 함께 이내 도시락을 꺼내는 소리가 들려왔다. 나는 자리에서 일어나 그 친구를 향해 말했다.

"야, 김길호, 친구들 괴롭히지 마!"

갑작스러운 내 말에 아이들도 놀랐지만, 길호도 놀라는 눈치였다.

"뭐야. 반장이면 다야?"

"반장으로 말하는 게 아니라 네 친구로 말하는 거야. 애들 성가시게 하는 거 나는 못 본다."

"어쭈, 한판 붙자는 거야?"

"좋아!"

말이 끝나자마자 책상과 의자가 가장자리로 옮겨지고 교실 가운데에 넓은 공간이 만들어졌다. 전국 라이트급 챔피언으로 이미 검증된 주먹을 가진 친구와 나의 대결을 앞두고 아이들은 흥미진진하게 바라보고 있었다.

'길호는 나를 주먹으로 공격할 것이다. 권투로는 절대 저 녀석을 이길 수 없다. 그렇다면? 나는 씨름하는 것처럼 싸우자.'

역시 길호는 주먹으로 나를 공격했고 나는 틈을 노려 허리를 잡고 놓지 않았다. 길호는 나를 떼어 놓으려고 안간힘을 썼지만 나는 놓치면 죽는다는 각오로 들러붙었다. 결국 선생님에게 걸려 우리 둘은 교무실로 불려 갔다. 그런데 교무실 분위기가 심상치 않았다. 담임 선생님이 길호를 보자마자 한마디 했다.

"이젠 도저히 안 되겠다. 너 권투 잘한다고 또 싸움질 했구나."

선생님의 말씀에 나는 깜짝 놀랐다. 선생님은 길호가 나를 먼저 때린 줄로 생각했던 것이다.

"선생님, 잘못했습니다. 오늘 싸움은 제가 걸었어요. 길호는 잘못 없어요. 정말입니다."

처음에 선생님은 내 말을 믿지 않았다.

"이군현, 뭐야. 보복이 두려워 그러는 거야?"

"아닙니다. 정말 오늘은 제가 먼저 싸움을 걸었습니다. 반 아이들에게 물어보십시오."

결국 선생님으로부터 오늘이 마지막이라는 경고를 받고서야 길호는 퇴학을 면할 수 있었다. 그날 이후 우리는 조금씩 가까워져 그날의 일에 대해 속내를 드러내고 화해하게 되었다.

"너 반장이라 샌님인 줄 알았는데, 힘도 있고 의리도 있더라."

"그날 아마 링 위에서처럼 룰이 있었으면 나는 죽었을 거다."

"짜식, 멋있는 척은 혼자 다 하네. 좋다. 앞으로 너는 인간 군현이다. 사람 냄새 나는 인간 군현이."

그렇게 해서 나는 '인간 이군현'이라는 별명을 얻게 되었고, 길호와 더 가까워져 졸업 후에도 경기가 있는 날이면 응원을 가는 사이가 되었다. 길호는 자신의 꿈을 위해 열심히 연습한 결과 아시안게임 라이트급 금메달리스트가 되었고, 세계군인선수권대회에서 챔피언이 되어 대경상고를 빛낸 주인공이 되었다.

미지의 세계를 향해

　초등학교 졸업 후 4년 내내 학교를 그리워하다 고등학교에 들어가서인지 모든 것이 신선했다. 처음 입어 본 교복도 어색하지만 좋았고, 영어·수학·역사 등 초등학교와는 다른 과목 이름도 멋있어 보였다. 수업 시간 중 단연코 가장 설레던 건 영어 시간이었다. 외국이란 말만 들어도 가슴이 뛰던 나에게 영어는 마치 비밀스러운 암호처럼 느껴졌다. 알파벳 하나하나가 신세계로 가는 열쇠 같았고 그 소리를 내뱉을 때마다 세계와 조금 가까워지는 기분이 들었다. 나는 집에서 큰 소리로 영어책 읽는 것을 즐겼고, 또 좀 더 정확히 발음하기 위해 혀 굴리는 연습을 수없이 반복했다.

　그 무렵 영어를 열심히 공부하던 둘째 형님이 어디선가 구해 온 레코드를 틀어놓았다. 케네디 대통령 취임 연설이 녹음된 레코드판을 구해 와 자주 틀어 놓았다. 박수 소리까지 생생히 담긴 그 연설은 단순한 음성이 아니라, 전율 그 자체였다. 케네디 대통령의 목소리는 낯선 악센트와 함께 강한 울림을 주었고, 그 안엔 나라와 국민, 그리고 책임에 대한 무게가 담겨 있었다. 그때에는 외국인이 직접 말하는 것을 들을 기회가 거의 없었기에, 나는 그것이 너무 신기해 영어 공부 삼아 그대로 따라 했다.

My fellow citizens of the world, ask not what your country can do for you. Ask what you can do for your country······.

지금도 생생하게 기억하는 부분이 바로 이 대목이다. 그땐 몰랐지만 케네디 대통령의 발음은 미국이 아니라 영국식 발음이다. 어쨌거나 특이한 악센트와 강한 호소력 있는 그의 발음은 나의 호기심을 자극하기에 충분했다.

내가 영어를 더 동경하게 된 것은 그즈음 읽기 시작한 『대야망』이라는 소설의 영향이 컸다. 『대야망』은 우리나라 최고의 드라마 작가로 인정받던 한운사 작가의 소설로 외교관과 국회의원을 지낸 분이 모델이었다. 따라서 실제 그 사람의 사생활을 떠나 당시 소설 속 주인공이 외교관이 되어 세계 곳곳을 누비며 벌어지는 이야기들은 나로 하여금 '세상은 멀고 낯선 것이 아니라, 나 역시 닿을 수 있는 무대'라는 희망을 품게 했다. '대야망'은 그야말로 내 인생의 첫 번째 세계지도였다.

중학교 과정 없이 고등학생이 되어서야 다양한 경험을 하게 된 나는 하고 싶은 것도 무척 많았다. 학교라는 공간 자체가 나에게는 그토록 그리운 세상이었다. 그래서 3학년이 되었을 때, 주저하지 않고

총학생회장 선거에 나섰고, 당당히 당선되었다. 이후에는 학생 연대
장까지 맡으며 적극적으로 학교생활을 했다. 고등학교 3년은 가난의
어려움이 있었지만, 그 기간은 마치 미지의 세계를 탐험하는 것처럼
신선하고 즐거웠다.

마음속의 빚

✳

    고교 시절은 나에게 평생 잊지 못할 소중한 사람들을 많이 만나게 해주었다. 고등학교에 다닐 때 친하게 지낸 친구 중에는 집안 형편이 어렵지만 저마다 자신의 꿈을 잃지 않고 꿋꿋하게 나아가는 이들이 많았다.

    친구뿐만이 아니었다. 선배 중에는 모금함을 들고 광화문 일대를 돌아 대학 입학금을 마련한 전설적인 인물도 있었다. 사회 전체가 어려웠던 시기였으므로 집안 형편이 어렵다고 좌절하기보다는 어떻게 해서든 이겨내야 한다는 생각들을 많이 갖고 있었던 것 같다. 고교 시절에 기억에 남는 사람 중 한 사람이 태양독서실 주인아저씨다.

    당시 나는 친한 친구들과 의기투합하여 함께 모여서 공부하곤 했는데, 처음에는 학교에 남아 공부하다가, 나중에는 학교 앞에 작은 방 하나를 얻어 자취 생활을 하기도 했다. 세 명이 눕기에도 부족한 공간이었지만 학교 오가는 시간과 차비를 절약할 수 있어 일석이조였다. 가장 힘들었던 것은 역시 끼니였다. 반찬이 떨어지면 고추장에

밥을 비벼 먹는 날도 많았다. 그러다가 우리는 시간을 아끼기 위해 학교에서 가까운 독서실에서 먹고 자기로 했다. 그때 이용했던 독서실이 금호동 로터리에 있는 태양독서실이다.

한동안 우리는 그곳에서 먹고 자며 생활했는데, 운이 좋으면 독서실에 학생이 많지 않아 의자 세 개를 이어 붙여 침대 삼아 잘 수 있었다. 하지만 학생이 많은 날은 자리에 앉아 잘 때가 많았는데, 그런 날은 일어나면 다리가 저리고 양쪽 어깨가 뻐근했다. 그런 우리들의 모습이 기특했던지 주인아저씨는 독서실 사용 요금이 밀려도 독촉하는 일이 없었다.

또 주말에 밥때가 되어도 자리에 앉아 있으면 우리를 집으로 데려가 따뜻한 저녁을 여러 차례 대접해 주었다. 미안한 마음에 아저씨 눈치를 보며 밥을 먹으면 아저씨는 늘 이렇게 말씀하셨다. "이놈들아, 공짜 아니다. 나중에 돈 벌면 꼭 갚아라." 안타깝게도 졸업 후 나는 한 번도 태양독서실을 찾아가 보지 못했다. 그것이 못내 빚으로 남아 유학을 다녀온 후 친구들한테 소식을 물었더니 독서실이 없어졌다는 이야기가 전부였다.

내 기억에 당시 아저씨는 대학에서 법학을 전공하고 고시 공부를 하고 있던 것으로 기억된다. 만약 기회가 되어 아저씨를 다시 만난다면, 그때 한 번도 하지 못한 말을 꼭 전하고 싶다.

'아저씨, 감사합니다. 아저씨의 따뜻한 배려가 저에게는 큰 힘이 되었습니다.'

그때는 왜 그리 이 말을 하는 것이 힘들었는지 단 한 번도 아저씨께 내 속마음을 전한 적이 없다.

성공 패러다임 : 긍정

미국의 유명한 심리학자이자 철학자인 윌리엄 제임스는 이런 말을 했다.

"인류의 가장 위대한 발견은 패러다임을 바꾸면 모든 것을 바꿀 수 있다는 사실을 발견한 것이다."

패러다임은 한마디로 생각의 틀이다. 사람들의 생각 유형을 크게 두 가지로 나누면 긍정과 부정으로 나눌 수 있다. 긍정적인 마인드를 가진 이들은 십중팔구 낙관적이고 적극적이며 도전적이다. 반면 부정적인 마인드를 가진 이들은 소극적이고 비관적이다. 두 가지 유형 중 성공 가능성이 높은 사람은 당연히 긍정적 마인드를 가진 경우다.

역사적으로 긍정이 승리한 예는 쉽게 찾아볼 수 있다. 첫째,『죽음의 수용소』의 저자 빅터 프랑클의 연구 결과에서 알 수 있듯이, 아우슈비츠 수용소에서 살아남은 이들의 공통점은 마지막 순간까지도 희망을 잃지 않았다는 것이었다. 그들은 비록 철조망 안에 갇혀 있었지만, 그들이 바라보는 곳은 철조망 안이 아니라 철조망 밖 푸른 세상이었다. 철조망 안에서 밖을 보며 언젠가는 밖으로 나갈 것이라는 희망을 품고 고통을 이겨낼 수 있었던 것이다.

둘째, 아이스 와인의 유래에서도 긍정적 마인드가 돋보이는 대목을 찾을 수 있다. 아이스 와인을 직역하면 '얼어붙은 포도로 만든 와인'이란 뜻이다. 포도의 수확 시기를 최대한 늦춰 서리가 내릴 때까지 기다렸다가 얼어붙은 포도 알을 으깨 얼음을 제거하고 남은 과즙을 모아 양조한 와인이다. 수분의 대부분을 얼음으로 버리기 때문에 포도나무 한 그루에 겨우 한 병 정도밖에 만들어지지 않아 가격 또한 높을 수밖에 없다.

재미있는 것은 아이스 와인이 만들어지게 된 배경이다. 아이스 와인을 처음 만든 이는 캐나다의 시골 신부님이다. 크리스마스를 앞두고 신부님은 갑자기 일이 생겨 먼 곳을 다녀오게 되었다. 한데 생각보다 일이 지체되어 신부님은 포도 수확기를 훨씬 지나서야 돌아오게 되었다. 포도 상태는 말이 아니었다. 눈보라를 견디지 못해 땅에 떨어졌을 뿐 아니라, 송이에 달린 것도 추위에 얼었다가 녹기를 반복해 포도 알이 쭈글쭈글해져 있었다. 그 상태로는 도저히 포도주를 담글 엄두가 나지 않았다. 그렇다고 포도를 그대로 방치할 수도 없어 신부님은 언 포도를 수확해 포도주를 만들었다.

결과는 대성공이었다. 포도주 맛을 본 사람들이 독특한 맛이라며 열광했던 것이다. 모진 추위를 견딘 포도인 만큼 맛도 깊었다. 이듬해부터 일부러 그 맛을 내기 위해 눈이 올 때까지 수확을 미루는 이들이 나타나면서 그에 힘입어 대중화된 것이 바로 아이스 와인이다.

물론 신부님이 아니었더라도 아이스 와인은 세상에 빛을 보았을 것이다. 하지만 중요한 것은 신부님의 마음이다. 얼어버린 포도송이를 보고도 포기하지 않고 포도주를 빚은 그 마음. 그 마음에 녹아 있는 것 역시 세상을 긍정적으로 대하는 자세라고 할 수 있다.

인생은 마디마디가 고비다. 그 고비마다 부정적으로 생각하거나 자기에게 주어진 환경과 조건에 불평만 하는 식으로 생각하면 아무것도 얻지 못한다. 하지만 긍정적으로 생각하고 고비를 넘으면 반드시 살아가는 데 중요한 지혜 혹은 지침을 얻게 된다. 그것이 반복될 때 우리는 성공에 보다 가까이 다가갈 수 있다. 이렇듯 성공은 결과이지, 목적이 아니다. 긍정적 마인드 역시 성공을 위해 필요한 것이 아니라 긍정적으로 생각할 때 성공에 도달하게 되는 것이다.

미래 교육은 '사람을 향한 기술'이어야 한다

나는 교육 행정가, 국회의원, 교수로 살아오며 수많은 교육정책을 기획하고 실행해 왔다. 그런데 교실에 컴퓨터가 들어오고, 세상이 메타버스로 향해도, 교육의 본질은 여전히 '사람'이었다. 아무리 시대가 변해도 교육은 사람을 향해야 하고, 기술은 사람을 이해하고 연결하는 도구가 되어야 한다. 그것이 내가 교육 현장에서 끝까지 붙들고 싶었던 신념이었다.

앞으로의 교육은 단순히 지식을 암기하는 것이 아니라, '왜 배우는가?'를 고민하게 만드는 방향으로 바뀌어야 한다. 창의력과 공감 능력, 그리고 문제 해결력은 교과서에 있는 것이 아니라, 삶 속 경험과 배움에서 자라난다. 그래서 나는 '감동 교육'이라는 표현을 아끼지 않는다. 사람은 감동할 때 움직이고 변화할 때 감동받는다. 지식보다 마음을 먼저 울리는 교육이야말로, 진짜 삶을 바꾸는 힘이 된다고 믿는다.

'교육자'는 명사가 아닌 '동사'여야 한다

나는 항상 말한다. '교육자'는 명사가 아니라 동사여야 한다. 교사는 '존재'하는 사람이 아니라, 끊임없이 '행동하는 사람'이어야 한다. 말로만 사랑하고, 글로만 가르치는 교사는 결코 제자의 삶에 감동을 줄 수 없다. 앞으로의 교육은 지식을 쏟아붓는 교사가 아닌, 함께 질문하고 길을 찾아주는 동행자형 교사를 필요로 한다. 가르침보다 더 큰 교육은 '함께 고민해 준 기억'이다.

미래 교육은 융합과 창의의 시대를 살아가는 학생들에게, 단 하나의 답을 주는 것이 아니라, '다양한 질문을 던지는 힘'을 길러주는 교육이어야 한다. 그러기 위해선 교사가 먼저 배우고 변화하는 자세를 가져야 한다.

교육은 결국 살아 있는 인간을 위한 것이다. 따라서 인간을 이해하지 못한 교육, 감정을 배제한 교육, 협업을 외면한 교육은 결코 성공할 수 없다. 교육자는 언제나 현재진행형의 존재여야 하며, 자신을 끊임없이 되돌아보는 사람이어야 한다.

미국 토마스 모어 중고등학교 교장 인턴 과정을 회고하며

내가 1980년 미국 캔자스주에서 교육행정학education administration 분야로 대학원 석사 과정을 한참 마무리 하고 있을 때였다. 그런데 한국과는 다르게 미국 캔자스주에서는 교육행정분야 전공자는 반드시 2학점짜리인 교장인턴과정principal internship`practicum을 필수로 이수 해야만 했다.

일선 초중고 중에 출근하여 반드시 6개월간(주1회씩) 학교에 나가서 인턴과정을 수료해야 했다. 실용적 가치를 중시하는 미국에서는 교육행정가(교감, 교장, 장학직, 교육장, 교육감 등)로 나갈 사람들에겐 이러한 직접적 체험 과정과 경험이 대단히 중요하다고 본다. 나 자신 또한 6개월간의 교장 인턴Intern 경험이 한국에 귀국 후 교육 정책과 교육 행정을 연구하고 우리나라의 교육비전(교육의 목표와 방향)을 논함에 있어서 큰 도움이 될 수 있는 대단히 유익하고 값진 경험이었다고 생각된다. 아직도 우리 교육 일선에서는 제대로 실천이 안 되고 있지만 언젠가는 우리 교육 일선에서 꼭 실현될 것이라는 믿음을 가지고 있다.

그때 6개월의 교장 인턴intern 과정을 거치면서 여러 가지 유익한 관찰을 했지만 특히 우리 교육에 시사하는 바가 크다고 생각되는 몇 가지만 제시하고자 한다.

첫째, 문제해결능력problem solving ability을 키워주는 교육을 많이 한다. 일례로 당시 NAFTANorth America FTA, 즉 캐나다 미국 멕시코 간에 자유무역협정체결을 앞두고 만약 체결 시에 캐나다 미국 멕시코 각국 간에 자국에 어떤 점이 왜 유리하고 왜 불리한지를 분석해서 A4용지 20매 분량으로 작성하고, 참고문헌references은 물론 각주까지 다 달아서 제출하도록 한 고1 학생들의 사회 과목 과제가 있었다.

사실 NAFTA는 1991년에 체결되었고 1994년에 발효되었다. 그런데 체결되기 10여 년 전부터 고1 학생들에게 FTA 체결 시 자국에 왜 유·불리한 지를 논리적으로 'essay(일종의 논문)'를 제출하라고 하는 것이 참 인상적이었다. 물론 이웃나라 캐나다 고등학생들에게도 꼭 같은 류의 과제가 주어지고 있다고 전해 들었다. 과제를 제출하는 데 그치지 않고 이를 4~5명씩 팀을 짜서 서로가 제출한 논문essay을 가지고 갑론을박 토론debate을 하는 것이었다. 현실적 과제와 토론을 통하여 논리력, 분별력, 창의력, 사고력, 시각의 차이 등을 배우는 사회 과목 학습이 인상적이었다.

또 다른 하나는 'recess' 시간이었다. 이는 일종의 체육활동 시간인데 학생들이 성장하여 일생동안 좋아할 수 있는 운동을 하나씩 할 수 있도록 체육활동 시간을 주는 것이다. 초등학교에서는 거의 매일하루에 30여 분씩 오전first half과 오후second half로 나누어 두 차례 시간을 준다. 중고에서도 체육활동 시간을 매우 중시한다는 것이었다.

　마지막으로 과학은 물론이고 수학도 실험 실습을 중시해서 수학실험math lab 시간이 중학교에서도 있었다. 수학이 발전해야 과학은 물론 사회과학도 발전할 수 있다고 많이들 생각하고 있었다. 수학이 발전해서 좋은 여러 가지 수학적 모델mathmatical model이 나와야 이를 바탕으로 여러 가지 과학적 모델을 발전시킬 수 있다고 보고 과학과 사회 과목은 물론 수학까지도 실험과 과제 중심의 교육project based education을 강조해서 융합적·통합적 사고를 많이 키워주려고 하는 것이 인상적이었다.

✳
빌 게이츠와의 특별한 만남을 회상하며

사람은 누구나 다 죽음을 피해갈 수는 없다. 어떻게 살다가 갈 것인가에 대해 우리는 누구나 한 번쯤 자신을 돌아보게 된다. 기업 하시는 분들도 두부류가 있는 것 같다. 한 부류는 돈을 많이 버는 데 목적을 두는 이가 있는가 하면 또 다른 부류는 번 돈을 어떻게 가치 있게, 얼마나 의미 있는 곳에 쓸 것인가를 고민하는 사람들이 있다. 내가 만난 MS마이크로 소프트 그룹 빌 게이츠 회장은 후자에 속한 사람이었다.

내가 국회의원 생활을 하고 있을 때였다. 하루는 정몽준 국회의원이 빌 게이츠 회장과 함께 나를 만나자고 했다. 용건은 빌 게이츠 회장이 한국의 교육 전반에 관해 나와 차 한잔하면서 대화를 나눠보고 싶다는 것이었다. 그러나 그때 나는 그의 한국 방문의 주 목적이 UNDP 산하 기관 중 하나인 IVI(international vacine institute: 국제백신연구소, 서울대 연구공원 내에 자리 잡고 있음)에 후원금donation을 내기 위한 것임을 알았다.

그때 한화로 160억 원 이상 후원했고, 지금까지 빌 게이츠 재단Bill & Mellinda Gates Foundation이 기부한 금액은 (24년 기준) 1000억 달러 이상, 빌 게이츠 개인 기부액은 (24년 기준) 602억 달러라고 했다. 빌 게이츠는 전 세계 보건과 교육 향상, 빈곤퇴치를 위해 끊임없이 기부와 후원을 아끼지 않고 있다. 2045년까지 전 재산의 90% 이상을 기부하겠다고 약속한 기사를 읽은 적도 있다. 사람이 살아가면서 부를 모으는 것도 많은 노력이 필요하고 쉬운 일이 결코 아니다. 그러나 이 부를 어떻게 가치 있는 일에 쓸 것인가를 생각하고 실천하는 일은 더 어렵고 가치 있는 일이라고 생각한다.

빌 게이츠는 MS의 소프트 인력 대부분을, 캐나다 토론토에서 100km 서남쪽 아래 위치한 워터루대학Waterloo University에 회사가 필요한 지식과 기술을 지정해주고 그 과정을 성공적으로 이수한 학생으로 채용한다고 했다.

정몽준 의원을 통해, 돈을 버는 것보다 번 돈을 가치 있는 일에 어떻게 쓸 것인가를 늘 생각하는 빌 게이츠 회장과의 만남으로 우리 교육에서 꼭 가르쳐야 할 가치가 무엇인가를 다시 한번 생각해 봤다.

상대를 인정하는 가장 좋은 방법

국회의원 시절 여러 곳에서 종종 강의 요청을 받았다. 지역 내의 크고 작은 친목 모임, 청소년 단체, 여성 지도자 모임, 학교 동문 모임 등 요청하는 곳도 다양했다. 대상과 주제는 제각각 다르지만, 강의할 때마다 내가 강조하는 것이 있었다. 바로 이 시대가 원하는 리더가 되기 위해 갖추어야 할 덕목인데, 그중 내가 제일로 꼽는 것이 경청이었다.

'이청득심以聽得心'이란 말처럼 '귀 기울여 듣는 것'이야말로 사람의 마음을 얻는 지혜다. 따라서 경청은 리더뿐 아니라 시대를 막론하고 누구나 지켜야 할 덕목이다. 그런 덕목을 특히 리더에게 강조하는 데는 그만한 이유가 있다.

태어날 때부터 리더인 사람은 없으므로 어느 시점에서 계기와 절차를 거쳐 리더가 된다. 그런데 리더가 되고 난 후 가장 범하기 쉬운 오류가 듣기보다는 말하기에 주력하게 된다는 점이다. 아마도 그것은 은연중에 우리가 교육받아 온 '리더의 상像'이 유창한 언변으로 사람들을 이끄는 모습이기 때문일 것이다. 하지만 말 잘하는 사람을 리더로 인정하는 시대는 지났다. 이제 사람들은 자신의 말에 진심으로 귀 기울여주는 사람을 믿고 따른다. 그런 이유로 최고의 화술은 '경청'이라는 말이 공감을 얻게 된 것이다. 내가 리더의 필수 덕목으로 경청을 꼽게 된 것은 한국교원단체총연합회(교총) 회장으로 일하면서 얻은 교훈 때문이기도 하다.

회장으로 당선되고 1년쯤 지났을 때, 나는 전국의 학교들을 직접 방문하며 현장 교사들의 이야기를 귀담아 들었다. 특히, 경청을 통해 수렴된 교사들의 의견을 반영해 교직원들의 근무 환경을 실질적으로 개선하는 정책을 마련했고, 이는 교총의 신뢰를 높이는 계기가 되었다. 회원에서 회장으로 자리를 옮긴 후 가장 먼저 달라진 것이 무엇인지 생각해 볼 기회가 있었다. 그런데 아무리 생각해도 크게 달라진 것이 없었다. 오히려 회장이 되고 나서 변했다는 소리를 듣지 않으려고 교육에 대한 소신, 주변 사람들을 대하는 자세 등 예전 모습 그대로 유지하려 애쓰는 중이었다. 퍼즐을 맞추는 심정으로 달라진 점을 찾던 중, 불현듯 스쳐 지나가는 생각이 있었다. 그것은 교총에서 추진하고 있는 업무와 관련된 비판이 줄어들었다는 점이었다. 스쳐 지나가는 생각을 붙잡아 곰곰이 돌이켜본 결과, 그것은 명확한 사실이었다.

입장을 바꿔 놓고 생각해 보니 좀 더 명확해졌다. 내가 회장이 아니었을 때는 나 역시 다른 회원들과 허심탄회하게 당시의 정책에 대해, 혹은 의견을 수렴하는 절차에 대해 잘잘못을 가리곤 했다. 마찬가지로, 내가 회장이 된 후에도 회원들은 여전히 다양한 의견을 나누고 있었을 것이다. 단지 그것이 내 귀에 들려오지 않을 뿐이었다. 이는 나뿐만 아니라 모든 리더가 겪어야 하는 상황이다. 아무리 '민주적인 리더'라고 할지라도 그 자리의 속성상 허심탄회한 의사소통은 쉽지 않기 때문이다.

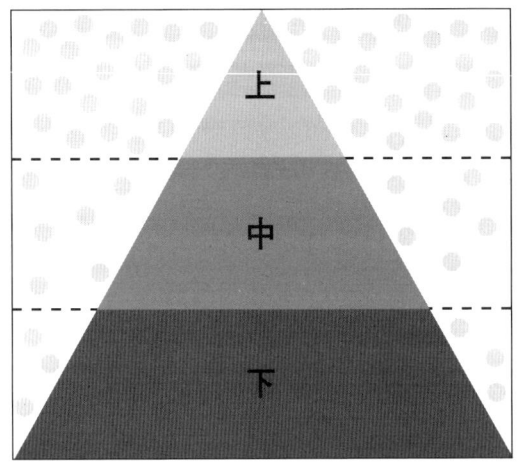

이를 그림으로 표현하면 사각형 안에 피라미드가 서 있는 모습이다. 사각형은 우리가 속한 조직이며 피라미드는 조직을 이루는 구성원이다. 사각형 안의 피라미드는 위로 올라갈수록 좁아지는 대신, 그와는 반대로 주변 공간은 넓어진다. 바로 그 공간이 경청해야 할 사람들의 수가 많아진다는 것이다.

그림 설명으로 시작한 그날의 내 '경청론'은 결국 사전에도 없는 말로 정리되었다.

대이소구大耳小口

큰 귀와 작은 입을 가진 사람이 되자.

　귀가 크고 입이 작은 사람은 많이 듣고 말은 덜 하는 사람이므로 곧 남의 말을 잘 듣는 사람이라는 뜻이다. 이처럼 리더가 되면 누구나 한 번쯤 경청의 중요성에 대해 깨닫게 된다. 처음에는 제대로 된 정보를 얻기 위해서지만 경청의 효과는 비단 여기서 그치는 것이 아니다. 경청은 테크닉이 아니라 상대방을 인정하는 자세다. 그래서 경청은 상대방의 가치를 인정하는 최선의 방법으로 인정받고 있는 것이다. 그뿐만이 아니다. 리더가 아랫사람의 말에 귀를 기울이면 조직 내의 소통이 매우 원활해진다.

　"아, 그래요?"

　"그 의견 좋은데요."

　상대방의 말을 주의 깊게 듣다 보면 자연스럽게 흘러나오는 말들이다. 이런 말을 들은 직원들은 자신이 인정받고 있다고 느끼므로 업무 효과도 놀랄 만큼 올라가게 된다. 인정받는다는 것은 누구에게나 건강에 좋은 엔도르핀을 생성 시켜주기 때문이다. 그럼에도 불구하고 한국 사회에서 경청은 평가절하되어 온 측면이 강하다. 남의 말을 잘 듣는 것과 남의 말에 쉽게 흔들리는 것은 분명 다른데도, 마치 경청하는 일을 줏대 없는 행동으로 여기는 경우가 많다. 하지만 잘 듣는 사람은 남의 말만 잘 듣는 것이 아니라 자신의 마음에서 우러나오는 소리 또한 잘 듣는다. 마음에서 우러나오는 소리가 바로 진정한 소리이며 일관성 있는 진심인 것이다.

또 '목소리 큰 사람이 이긴다.'라는 말로, 경청하는 태도를 손해 보는 행동으로 치부하는 경우도 종종 볼 수 있다. 안타깝게도, 경청을 가장 평가절하하는 직업군 중 대표적인 예가 바로 국회의원이 아닐까 싶다. 국회의원은 때로 공개석상에서 공방을 펼칠 기회가 많다. 바로 그런 상황에서, 이야기를 잘 듣는 것이 곧 상대방의 말을 인정하는 것으로 오해받지 않을까 염려하여 먼저 목소리를 높이게 된다. 결국, 양쪽 모두 자신이 해야 할 말만 하다가 아무 결과 없이 끝나는 것을 볼 때가 가장 안타깝다. 나는 경청의 삶으로부터 멀어지려 할 때마다 마음의 소리에 귀를 기울인다.

들어라. 그렇지 않으면 당신의 혀가 당신을 귀먹게 할 것이다.

이것은 북미 인디언들의 속담이다. 이 말은 말하고 있는 동안에는 들을 수 없음을 안타까워해야 한다는 뜻이다.

40여 년의 절박한 기도

국회의원이 된 후, 듣는 것보다 말하는 것에 익숙해지는 내게 다시 한번 '경청'의 중요성을 절실히 깨닫게 해준 일이 있었다. 2005년 늦봄, 우연한 기회에 사당동의 신동신정보산업고등학교를 방문하게 되었다. 특별한 행사나 사안이 있어서가 아니라, 지역구 내에 있는 학교여서 안부 인사차 들른 것이었다. 그런데 그 자리에서 새로운 사실을 알게 되었다.

신동신정보산업고등학교는 학력 인정 평생교육기관으로 지정된 곳이었는데 이 학교를 방문했을 당시, 교사들은 정규 교사와 동일한 업무를 수행하면서도 근무 환경은 너무 열악했다. 일반 학교와 비교할 때 급여는 절반에 불과했고, 연금과 복지 혜택에서도 제외되어 있었다. 나는 이 문제를 심각한 교육적 불평등으로 여겼고, 국회에서 법 개정을 강력히 추진해 결국 교사들의 처우를 정규 교사 수준으로 개선했다. 당시 교사들이 보내준 감사 인사와 밝아진 얼굴을 보며 큰 보람과 감동을 느꼈다.

신동신정보산업고등학교처럼 학력 인정 평생교육기관으로 지정된 학교는 전국에 53개나 있었다. 이 학교는 국가로부터 교육기관으로 인정을 받아 교육 기회를 놓친 성인들이나, 혹은 개인 사정으로 중고등학교를 다니지 못한 학생들에게 정규 교육 과정을 가르치고 있었다. 다행히 이곳에서 교육받은 학생들은 정규 학교와 동일한 학력을 인정받고 있지만, 그들을 지도하는 교사들에게는 턱없이 적은 월급을 주는 것이 고작이었다. 교사로 사회생활을 시작한 나로서는 도저히 납득할 수 없는 상황이었다.

'복지의 사각지대.'

나는 어떻게 해서든 학력 인정 평생교육기관이 처한 현실을 바로잡아야 한다는 생각에, 교사들 앞에서 국회 교육위원회 소속 국회의원의 한 사람으로 최선을 다하겠다는 뜻을 밝혔다. 하지만 교사들의 표정은 그리 밝지 않았다. 이야기를 들어보니 이전에도 수많은 분이 방문해 개선을 약속했지만, 그 후 다시 학교를 찾은 이도, 더 이상의 소식을 전해온 이도 없었기 때문이었다.

"이 문제를 해결해달라고 40여 년간 기도했습니다."

최충재 교장의 이 말 속에는 교사들 모두의 절실함과 간곡함이 그대로 담겨 있었다. 학교를 다녀온 후, 나는 전국의 학력 인정 평생교육기관의 현황을 조사해 법 개정을 검토하기 시작했다. 이 사안은 어느 누구의 이해 문제도 얽혀 있지 않아, 법 개정에 반대할 이들도 없을 것이라는 확신이 들었다. 그런데도 지난 40년간 잘못된 정책이 바뀌지 않은 이유는 진심으로 남의 말을 경청하지 않았기 때문이었다.

성의를 갖고 최선을 다하면 통과될 수 있을 것이라는 확신을 가지고, 나는 이 일을 최우선 순위에 놓고 법 개정을 추진했다. 그 결과, 2006년 7월 〈한국교직원공제회법〉과 〈사립학교 교직원연금법〉이 개정되어 신동신정보산업고등학교를 비롯한 다른 학력인정 평생교육기관 교사들은 일반 학교 교직원과 거의 동등한 혜택을 누리게 되었다.

내가 신동신정보산업고등학교를 처음 방문한 지 꼭 1년 만에 법 개정이 이루어졌다. 당시 교장과 교사들은 오랜 기다림 끝에 실현된 일이라며 눈시울을 붉혔고, 학생들 역시 진심 어린 감사편지를 보내왔다. 교사들의 처우 개선이 단순한 제도의 변화가 아니라, 한 사람, 한 사람의 삶을 밝히는 일임을 나는 그때 절실히 깨달았다. 학생들로부터도 감사 편지가 이어졌다. 학생 중에는 4, 50대의 늦깎이 학생들이 많았는데, 그들은 자신들의 어려운 처지에 관심을 둔 것에 대해 무척 고마워했다.

이들의 진심 어린 감사에 국회의원으로서 가슴 뭉클한 보람도 느꼈지만, 또 한편으로는 부끄러운 마음도 들었다. 나보다 먼저 누군가가 이들의 말을 경청했더라면, 40여 년 동안 기다리지 않아도 될 일이었기 때문이다.

당시 나에게 보내온 편지 중 하나를 아래에 공개한다.

과거·현재·미래를 함께할 이군현 의원님

"나랑 한 판 붙어."

1년 늦깎이 고등학생이 전국체전 권투 챔피언 출신인 같은 반 학생에게 도전장을 낸다. 쉬는 시간은 물론 공부 시간에도 시끄럽게 해 주위 학생들에게 피해를 주는 학생에게 겁 없이 덤빈 것이다.

'불의를 못 참는 의리남' 늦깎이 고등학생은 새누리당 이군현 의원이다.

2014년 한 일간지에 실린 주인공이 이군현 의원님이어서 의원님의 품에서 불가능할 것만 같았던 일들을 얻을 수 있게 해주셔서 따뜻한 위로를 받으며 보냈던 그 많은 시간들이 주마등처럼 흘러갑니다. 참 행복한 시간이었으며, 앞으로도 의원님이 계셔서 행복할 겁니다. 교육 환경은 열악하고 여전히 냉소적인 시선으로 우리 학교를 치부해 버리려는 현실 속에서, 저희 학력인정평생교육시설학교 선생님들과 학생들에게는 의원님은 단순한 국회의원이 아닌, 자신을 내치면서도 오직 백성들의 안위만을 걱정하셨던 충무공 이순신 장군님과 같은 분이셨습니다. 의원님의 홈페이지에 이런 구절이 있습니다.

誓海魚龍動 서해어룡동

바다에 맹세하니 물고기와 용이 감동하고

盟山草木知 맹산초목지

산에 맹세하니 초목이 감동하네

2009년 평사모(학력인정평생교육시설학교를 사랑하는 모임) 출범식에서 의원님을 실제로 뵙고 난 이후 이 글을 읽고 있자니, 짧은 이 한시에서도 의원님의 마음을 잘 느낄 수 있습니다. 오직 한 줌도 안 되는 권력을 위해 상대방 타도에만 급급한 현실 속에서 우리 평사모를 바라보던 의원님의 마음은 얼마나 아프셨겠습니까?

의원님께서는 2006년 7월, 저희들에게 상상조차 할 수 없었던 큰 선물을 주셨습니다. 〈한국교직원공제회법〉과 〈사립학교 교직원연금법〉 개정안을 대표 발의하시면서, 열악한 근무 환경에 있던 학력인정 평생교육시설학교 교사들이 교직원공제회나 사학연금 가입 등 일반 학교 교직원과 동등한 혜택을 누릴 수 있도록 해주신 것입니다. 세월이 지난 지금도 그날만 생각하면 가슴이 벅차오릅니다. 의원님 또한 어려운 가정 환경으로, 검정고시로 상업고등학교에 입학하고 국가장학금을 받으며 그 누구보다 힘든 대학 시절과 유학 시절을 보내셨기에, 저희에 대해 좀 더 따뜻한 품과 마음을 열어 주셨던 것 같습니다.

또한, 수많은 고비를 넘기면서 초심을 잃지 않으시려 노력하셨습니다. 그중에서도 2012년 2월 8일, 19대 국회의원 선거 출마 기자 회견을 서너 시간 앞두고 갑자기 쓰러져 뇌졸중 진단을 받고, 겨우 생명을 건진 상황에서 가족과 의료진, 지인들의 만류에도 불구하고 출마를 결심하시고, 오뚝이처럼 당선되셨습니다. 그리고 2013년 자서전 『동행』에서 성공한 교포의 파격적인 사업 제안을 거절한 이유에 대해 '재산을 쌓아두고 떵떵거리며 산다고 할지라도, 꿈을 일궈가는 보람을 대신해 주지 못할 것 같았다. 돈에 연연하고 싶지 않았다. 우리나라를 선진국으로 만들 수 있는 인재를 키우는 일이 내게는 훨씬 더 중요했다.'라고 거절에 대한 이유를 설명하셨습니다. 또한 "삼십 년이 족히 지난 지금도 마찬가지다. 교육은 미래요, 희망이다. 교육은 우리를 꿈꾸게 하고 그 꿈을 성취할 수 있게 한다. 교육이 바로 서야 나라가 바로 선다."라고 이야기하셨습니다.

소외된 계층, 사회적 약자에게 균등한 교육 기회를 제공하기 위해, 금전적인 문제 때문에 교육을 포기하는 사람이 없도록 하기 위해, 자신의 안위보다 민초들의 고단한 삶을 안아주기 위해, 자신에게 주어진 고행길을 운명처럼 받아들였던 존경하는 이군현 의원님이신데……

2018년 12월 27일 오후 시간, 겨울방학을 앞두고 다소 설렘과 활발함이 넘쳤던 저희 교무실에는 군데군데서 긴 한숨 소리와 무거운 적막감이 가득했습니다. "이군현 의원 국회의원직 상실"……. 참으로 충격적이었습니다. 그래서인지 어느 선생님 한 분도 말을 건네는 분이 없었습니다. 모두의 얼굴엔, 가슴엔 진한 서글픔과 미안함이 가득한 듯했습니다. 그동안 염치없이 받기만 해서……. 지켜드리지 못하고, 또 어떻게 도와드려야 될지를 몰라서…….

이군현 의원님은 우리 학력인정평생교육시설학교 선생님들께는 영원한 국회의원이자 참 일꾼이십니다. 부디 저희를 보아서라도 힘내십시오. 저희는 참 일꾼 '이군현'을 사랑하는 사람으로 끝까지 남아 있을 것입니다. 사랑합니다, 의원님. 지난 2009년 어린이날, 박경리 선생 타계 1주기 추모제를 마친 뒤, 고인의 생명 사상을 실천하기 위해 묘소 주변 나무에 둥지를 설치해 주셨던 것처럼……. 다시 한번 일어서 주십시오. 그래서, 평등한 기회를 잡을 수 있는 기회조차도 꿈꿀 수 없는 저희와 같은 사회적인 약자를 지켜주십시오. 그 곁에는 저희가 끝까지 함께 하겠습니다.

　　　이로운 세상을 만드는 사람

　　　군더더기 없는 삶을 약속해 주는 사람

　　　현실과 타협하지 않는 정의로운 사람

　　　그 사람을 사랑하는 우리들입니다.

　　　조문수 유승호 하영원 김갑자 이영숙 박기춘 서민교
　　　김현지 김현진 김의권 이성원 이진기 백현열 박병규
　　　황은복 권영애 김명숙 이승희 주옥경 김재균 권영호

　　　　　　　　　　　　이군현 의원님을 좋아하는
　　　　　　　　　　학력인정평생교육시설학교 교원들이 모여
　　　　　　　　　　　　　　　　　　2019. 1. 7.

✳

〈유아교육법〉 제정의 숨은 여정

 2001년 5월, 교총 회장에 당선되어 일하면서 가장 힘겨우면서도 보람을 느낀 것은 〈유아교육법〉 제정을 위해 고군분투하던 때다. 유아교육법 제정은 내 임기 안에 반드시 이루기로 마음먹은 제일의 과제였다.

 우리나라는 1880년대부터 유치원 교육이 시작되어 120여 년의 역사를 지니고 있음에도 불구하고, 그때까지 유아교육법이 따로 없었다. 그 때문에 초등학교는 의무교육이 되었지만, 유아 교육은 마땅한 법적 보호를 받지 못하고 있었다. 그 부담은 고스란히 부모들이 떠안고 있는 실정이었다. 더욱 답답한 것은 1997년 유아 교육 법안이 국회에 발의되었어도, 무려 7년 동안이나 난항을 겪고 있다는 사실이었다. 교총 내 유아 교육 관련 단체들의 의견을 들어본 결과, 정부에서 상정한 안건에는 결정적인 오류가 있었다. 국회에서 논의 중인 안의 기본 골격은 유아 교육을 공교육에 포함해 만 3~5세까지 무상 교육을 받을 수 있도록 국가가 지원해야 한다는 것이었다.

여기까지는 전혀 문제가 없었다. 문제는 무상 교육의 대상에 영리를 목적으로 하는 사설 기관까지 포함된 것이었다. 이는 기본적으로 공교육과 사교육의 역할을 구분하지 못하는 안이어서 교내 유치원 교사들의 원성이 매우 컸다. 당시 교총의 입장은 명확했다.

> 유아 교육은 당연히 공교육에 포함하여야 하며 보육 중심이 아니라 교육 중심으로 변화시켜 수준을 높여야 한다. 그러기 위해선 만 3~5세까지 교육을 담당하는 국공립, 사립 유치원을 국가 지원 하에 무상으로 교육 받게 해야 한다.

나는 7년째 논의 중인 〈유아교육법〉을 매듭지어야 한다는 생각으로 교총 내부에 〈유아교육법〉 제정 특별위원회를 만들고, 국회의원들을 찾아가 유아 교육을 살리는 길이 무엇인지를 설득하기 시작했다. 하지만 국회 교육위원회와 법사위원회는 이해 관련 단체의 눈치보기에만 연연할 뿐 현장의 목소리에 귀를 기울이려 하지 않았다. 무려 2년 넘게 호소했지만 결과는 마찬가지였다.

결국 교총 유아교육특위는 특단의 조치를 내려 2003년 겨울부터 한나라당과 민주당 당사 앞에서 대규모 시위를 벌이기 시작했다. 전국 방방곡곡에서 모인 시위대의 열기는 점점 뜨거워져, 당사 앞에서 밤을 지새우며 우리의 요구를 알렸다. 설상가상으로, 그해 겨울은 유난히 추웠다. 특히 연말 무렵은 한파가 불어닥쳐 추위와의 싸움으로 시위대의 고통은 이루 말할 수가 없었다. 하지만 옳은 일을 하고 있다는 신념으로 우리는 한 발짝도 물러서지 않았다.

추위를 무릅쓰고 당당히 자리를 굳건히 지켰던 당시 전국유아교육자연대 회장이던 이원영 교수, 이기숙 교수, 국·공립유치원연합회장 정혜손, 홍미영 경기회장, 이일주 교수, 그리고 유아 교육에 대한 열정으로 넘쳐나던 많은 선생님의 모습은 영원히 잊지 못할 것이다. 그들의 지칠 줄 모르는 열정에 감탄하며, 유아교육법제정연합체 사령탑으로서 역사의 현장을 지켰다.

시위는 연말을 지나 연초까지 이어졌다. 그리자 1월 6일 새벽, 국회의원들이 비상대책회의를 소집하더니 다음 날 1월 7일 마침내 교총안을 수렴하여 〈유아교육법〉을 통과시켰다. 특별위원회가 결성된 지 3년 만에 거둔 결실이었다. 그 결과 2005년부터 만 3~5세를 대상으로 한 전국 국공립, 사립 유아 교육 기관들은 단계적인 무상 교육으로 전환될 수 있었다.

이런 경험을 통해, 나는 〈유아교육법〉을 제정하는 데 무려 10여 년이 걸리는 현실이 너무 안타까웠다. 그것도 보다 나은 정책을 만들기 위한 진통이 아니라, 정부의 눈치 보기가 원인이라는 것에 더 분노했다. 만약 정부 담당자들이 마음에서 들려오는 진실의 소리에 귀를 기울이고 행동했다면, 10여 년 동안 난항할 이유가 전혀 없었을 것이 분명했기 때문이다.

사실, 당시 교총의 주장은 세계적인 흐름에 맞춰 고민한 결과였다. 유아 교육이 보육 중심에서 교육 중심으로 바뀌는 것은 세계적인 추세였다. 단적인 예로, 1990년대 후반부터 유아 교육을 관할하는 부서가 교육부로 빠르게 이관되었다.

　스웨덴은 백여 년간 0세~만 6세 업무를 복지 개념으로 인식하여 후생성에서 관할하다가, 1997년 교육 개념으로 바꾸어 만 1~6세 업무를 교육부로 이관했다. 교육과 복지를 이원화했던 영국도 1999년 만 1~5세 업무를 교육과학부로 이관했다. 타이완과 홍콩 역시 21세기에 접어들며 0세~만 2세 미만은 보건 관련 부처에서, 만 2~6세 미만은 교육부가 담당하고 있었다. 그 이유는 유아 교육이 단지 맞벌이 부부의 양육 문제를 책임지는 차원의 복지 개념이 아니라, '유아기부터 양질의 교육을 받게 하자'라는 교육 중심으로 개념이 바뀌었기 때문이다.

교육은 도전이고 성취다

사범대학 졸업, 중학교 교사, 교육행정학 박사, 카이스트 교수, 교총 회장, 중앙대 교육대학원 교수, 국회 교육위원회 소속 국회의원. 나의 이력은 교육과 관련이 매우 많다. 내가 교육과 관련된 일을 하게 된 것은 아마도 어려서부터 항상 교육에 목말라 있었기 때문인 듯싶다.

집안 형편이 어려웠던 나는 초등학교를 졸업하고 3년 넘게 평화시장 직공 생활을 거쳐 고입 검정고시를 통해 겨우 상업고등학교에 진학할 수 있었다. 이후 고등학교, 대학교, 미국 유학을 마칠 때까지 그와 비슷한 일이 계속됐다. 그래서인지 공부에 대한 욕심이 매우 컸다. 이는 나뿐만 아니라 우리 형제들도 마찬가지였다. 원래 우리 집은 6남 2녀였으나 막냇동생이 일찍 세상을 뜨는 바람에 5남 2녀가 되었다. 그중 네 명이 박사가 되었다.

우리 가운데 부모님에게 학비를 받아 가며 공부한 사람은 아무도 없다. 본인이 일해서 학비를 마련하거나 열심히 공부해 장학금을 받고 공부할 기회를 넓혀간 결과다. 둘째 형님은 어려서부터 두뇌가 명석했으나 가정 형편 때문에 상고를 졸업한 후 대학의 꿈을 접고 은행원 생활을 했다. 그러다가 서른이 넘은 나이에 다시 공부를 시작하여 캐나다 칼턴대학에 1학년으로 입학했다. 졸업 후에는 캐나다 토론토대학과 미국 하버드대학에서 종교역사철학으로 석사 학위를 받았다. 그러고는 영국 버밍엄대학으로 옮겨 비교문화신학으로 박사 학위를 받았다. 박사 학위를 마쳤을 때, 형님의 나이는 마흔 중반, 학위를 취득하기 위해 공부했다기보다는 젊은 시절에 공부할 기회를 놓친 안타까움과 배움에 대한 욕구와 갈증 때문이었던 것 같다. 형님의 뒤를 이어 나와 남동생은 미국에서 교육행정학을, 여동생은 캐나다와 국내 대학에서 교육심리학을 공부해 박사가 되었다. 네 남매 모두 어려운 여건에서도 박사 학위를 마칠 수 있었던 것은 꺾이지 않는 도전 정신의 결과였다고 생각된다.

훗날 나는 바로 우리 형제들의 모습 속에서 교육의 의미를 찾았다. 많은 이들이 '교육은 지식을 가르치는 행위'라고 생각한다. 하지만 교육은 단순히 지식을 전달하는 행위가 아니다. 진정한 교육은 학생들 각자가 자신만의 꿈을 발견하고, 그 꿈을 이루기 위해 용기 있게 도전할 수 있도록 마음을 움직여야 한다. 나는 교육이 단지 머리가 아니라 가슴에 닿아야 한다고 믿는다. 바로 이것이 내가 생각하는 '가슴으로 하는 교육'이다. 물론 그 꿈은 공부뿐 아니라, '화가가 되고 싶다.' '세계적인 축구 선수가 되고 싶다.' 등 개인마다 다를 것이다. 사람마다 주어진 달란트가 다르므로 공부만을 강요할 수 없고, 공부 외에도 다양한 길이 있다는 게 내 생각이다. 중요한 것은 꿈을 갖게 하고 그 꿈을 이루기 위해 도전하고 그걸 성취하게 도와주는 것, 그것이 바로 교육의 역할이라는 것이다. 그러기 위해서 교육은 감동을 주는 행위가 되어야 한다.

언어를 통해 지식을 가르치는 데 그치는 것이 아니라, '가슴 깊은 감동을 주는 가슴 교육'이 이루어져야 한다는 것이 내 교육철학이다. 경험에 비추어볼 때, 학창 시절 가장 기억에 남는 선생님은 영어나 수학을 가르치는 능력이 탁월했던 분이 아니다. 그보다는 학생들에게 힘과 용기를 준 분이었다.

고등학교 때 나에게 큰 힘이 되어 주었던 분은 속기를 가르쳤던 '최대규 선생님'이다. 선생님께 배운 속기는 전혀 기억에 남아 있지 않다. 그러나 선생님께서 우리를 집으로 불러 자장면을 만들어 주며 "인생에서 공부보다 중요한 것이 용기라며, 용기를 잃지 말라."라고 격려해 줬던 모습은 지금까지도 생생하게 남아 있다. 나는 그 선생님 모습을 보며 교사의 꿈을 키워 나갔고, 더욱더 공부에 매진할 수 있었다.

이렇듯 교육은 가르치는 데서 끝나지 않고, 교육자의 역할도 잘 가르치는 것만으로는 부족하다. 현실에 안주하지 않고 꿈을 이루기 위해 도전하고 그걸 성취하도록 도와주는 것, 그것이 바로 진정한 교육인 것이다.

디지털로 생각하고 아날로그로 행동하라

국회의원이 되기 전, 나는 깊은 고민을 했다. 교육행정학자로서의 경험과 교총 회장을 하며 얻은 현장경험은 충분했지만, 험난한 정치의 세계에서 과연 내가 올바른 길을 지킬 수 있을지 확신하기 어려웠기 때문이다. 그러나 곧 깨달았다. 정치는 단지 경험의 문제가 아니라 진정성과 신념, 그리고 확고한 전문성이 필요하다는 사실을 말이다.

하지만 곰곰이 생각해 보니, 이 시대가 요구하는 정치인은 단순히 경험이나 권력을 가진 사람이 아니라, 확고한 원칙과 신념을 가지고 올바른 방향으로 정책을 이끌 수 있는 사람이다. 특히 전문적인 지식과 같은 이해를 바탕으로 진정한 변화를 만들어 낼 수 있는 사람이어야 한다고 믿었다. 나는 그런 정치인이 되고자 끊임없이 노력했다. 왜냐하면 정책을 바꾸는 일은 매우 신중해야 하고, 그 분야에 식견을 가지고 있어야 가능한 일이기 때문이다. 비록 정치 경력은 없었지만, 내가 공부한 교육행정 지식과 경험을 활용해 잘못된 방향으로 흐르고 있는 교육정책을 바로잡고 싶었다.

교육행정은 곧 교육을 경영하는 실천 학문이었다. 그러므로 교육 행정을 통해 쌓은 지식과 교총 회장을 역임하며 쌓은 현장감을 결합 하면 교육위원회 소속 국회의원으로서 '제 역할을 해낼 수 있을 것'이 라는 자신감이 생겼다. 하지만 서두를 생각은 없었다.

'디지털로 생각하고 아날로그로 행동하라.' 국회의원으로 첫발을 내디디며 마음속으로 다진 각오다. 이는 내가 즐겨 쓰는 사자성어 '호시우행虎視牛行'을 풀어놓은 것으로, 판단은 예리하게 하되 행동은 신중히 하자는 결심의 표현이었다. 그런 마음가짐으로 사전에 치밀 한 준비를 하고 시작한 것 중 하나가 서울특별시 고등학교 학군을 조 정하는 일이었다. 2007년 2월에 광역학군제가 발표되기 전까지 우 리나라 고등학교 배정 기준은 학생이 거주하는 지역이었다. 이 제도 의 취지는 집과 가까운 학교에 배정함으로써 '통학의 불편함을 없애 자는 것'이었다. 그러나 취지와는 달리 소위 '강남 8학군'이 나타났고, 자녀를 8학군에 있는 학교로 보내기 위해 이사하거나 위장 전입하는 부모들이 늘어났다.

어떤 형태로든 학군이 조정돼야 할 시점이라고 판단한 나는 학군 조정을 제안하기 전에 먼저 어떻게 의견을 수렴하고 논의를 이끌어 나갈 것인지를 설계해 보았다. 학군제를 바꿔야겠다는 결정적 계기 가 된 것은 길 하나를 사이에 두고 당시 내가 살았던 동작구 학생들 이 소위 강남 쪽 8학군을 비롯해 자기가 희망하는 학교에 갈 수 없다 는 현실이 너무나 불합리했기 때문이었다.

먼저 나는 학군 조정을 제안하는 원칙과 목표부터 잡아 나갔다. 가장 초점을 둔 것은 부모의 경제력에 의해 자녀의 학교가 결정되어서는 안 된다는 점이었다. 따라서 나는 서울 전역의 중학생이 자신이 희망하는 고등학교를 기존 학군과 관계없이 자유롭게 지원할 수 있어야 한다는 목표를 갖고 학군 조정을 추진했다.

원칙과 목표를 정한 뒤에는 뜻을 같이하는 사람들과 함께 학군조정추진위원회를 만들었다. 그다음 학부모와 학생들의 의견을 듣기 위해 한국사회여론연구소KSOI에 의뢰하여 설문 조사를 실시했다. 그 결과, '거주지 중심 학군 배정에 대해서 만족한다(34.0%).'라는 의견보다 '만족하지 않는다(62.8%).'라는 의견이 압도적으로 많았다. '학군 조정을 찬성한다.'라는 응답도 67.8퍼센트에 이르렀는데, 그 이유 중 거주 지역 간 학력 격차의 완화가 1위로 나타났다. 설문 조사와 동시에 공청회도 개최했다. 결과는 마찬가지였다. 설문 조사와 공청회를 통해 여론을 확인하고 정확한 데이터를 얻은 나는 그것을 기초로 본격적인 학군 조정을 위한 일을 추진해 나갔다.

우선 서울시 교육청에 설문 조사 결과를 제시하며 학군 조정을 재검토할 것을 강력하게 요청했다. 그 결과 교육부총리로부터 재검토하겠다는 답변을 처음으로 얻어낼 수 있었다. 또 한편으로는 국정 감사를 통해 서울시 교육청으로 하여금 전문가에게 학군 조정에 대한 연구를 하도록 했다. 그리고 이듬해 국정 감사 때 집중적으로 재검토를 논의한 결과, 2007년 초 서울시 교육청으로부터 거주지 중심의 학군을 광역학군제로 조정한다는 발표를 이끌어 낼 수 있었다. 서울시에서 발표한 내용은 기존 거주지 중심 학군제의 문제점을 보완한 것으로, 그 내용은 다음과 같다.

> 서울 전역을 단일 학군으로 보고 먼저 2개 학교에 지원한다. 1단계에서 탈락한 학생들은 2단계에서 거주지 소속 학군 중 희망 학교 2개를 지원한다. 2단계에서도 원하는 학교에 가지 못한 학생과 정원을 채우지 못한 고등학교는 두 개의 인접 학군을 묶은 통합 학군 내에서 근거리 원칙에 따라 추첨 방식을 통해 결정한다.

서울시 교육청의 학군제 조정발표에 나보다 더 기뻐한 이는 지역주민들이었다. 나와 함께 학군 조정을 위해 애쓴 동작구 주민들뿐만 아니라, 많은 서울 시민이 서울시 교육청의 발표를 반기는 모습을 보고 너무나 뿌듯했다. 또 그 순간만큼은 잘못된 정책을 바꿀 수 있는 권한을 가진 국회의원이라는 내 직업이 자랑스럽게 느껴졌다.

24시간을 42시간처럼

    미국에서 유학 생활을 시작하며 나에게는 절실한 목표가 있었다. 그것은 바로 '최대한 빠르게 석사와 박사 과정을 마치는 것'이었다. 물론 학문의 깊이가 단시간에 이루어질 수 없음을 잘 알고 있었다. 그러나 무일푼으로 유학길에 오른 나와 아내에게 시간은 곧 생존의 문제였다. 경제적 어려움을 극복하기 위해, 절박함과 간절함으로 하루하루를 보냈다. 유학을 갈 수 있었던 것도 캔자스주 로터리 인터내셔널 클럽 교환 장학생으로 선발되어 석사 2년 동안의 학비와 생활비를 전액 지원받을 수 있었기 때문에 가능한 일이었다. 그러나 머나먼 미국까지 가서 석사 과정만 마치고 돌아오고 싶지는 않았다.

    "어떻게 해서든 박사 과정까지 마치고 돌아오자. 분명 길이 있을 거야!"

    길은 보이지 않았지만 내가 믿는 것은 있었다. 가진 것이 없으면서 너무 계산적이면 어떤 도전도 할 수 없다는 것과, 지금 나에게는 꿈이 재산이라는 것이었다. 다행히 아내는 나와 달리 고생을 해보지 않았음에도 불구하고 유학생 남편 뒷바라지라는 고생길에 선뜻 동의했다. 나와 아내는 유학길에 오르면서 석사 기간 동안 아르바이트를 통해 박사 과정을 위한 최소한의 경비를 마련하자는 결심을 하게 되었고, 가능한 빠른 시간 내에 공부를 마치는 것을 목표로 삼게 된 것이다. 그 목표를 이루기 위한 방법은 한 가지뿐이었다.

'열심히 공부하면서 동시에 아르바이트도 열심히 해야 하는 것.'

말은 쉽지만, 그것을 실천하는 일은 쉽지 않아 유학 기간 내내 시간과의 전쟁을 치러야 했다. 전쟁은 내가 이룰 수 있는 목표를 정한 후 그에 맞춰 효율적으로 시간을 배분하는 일로 시작되었다. 내가 정한 첫 번째 목표는 여름과 겨울학기 강의까지 모두 들음으로써 석사 과정의 이수 기간을 최대한 단축하는 것이었고, 그에 따라 공부 스케줄과 아르바이트 시간을 조절해 나갔다. 그렇게 한 학기 한 학기를 보내며 느낀 것은 시간의 소중함이었다. 분초를 아끼는 생활에 익숙해지자 1분, 1초를 허투루 쓰고 싶지 않았다. 내 인생에서 그 시절만큼 시간이 아쉬운 적은 없었다. 그때 깨달은 것이 바로 시간은 모두에게 평등하게 주어지지만, 그 시간을 어떻게 활용하느냐에 따라 24시간이 42시간으로 바뀔 수 있다는 사실이다.

그리고 또 하나, 계획을 잘 세우면 분초를 따지는 일이 스트레스가 아니라 저축하는 것처럼 즐겁다는 사실이었다. 그때 우리에게 시간을 저축하는 일은 곧 돈을 저축하는 것과 같았으므로 일을 하면 돈이 모이는 것처럼 시간을 쪼개 쓰면서 시간을 저축하는 노하우도 쌓여 갔다. 그 노하우는 내 수첩에 이렇게 차곡차곡 쌓여 있다.

- 아무리 작은 일이라도 미리 계획을 세운다. 그러면 그 일을 하는 데 시간이 얼마나 걸릴지 가늠할 수 있다.
- 그날 할 일을 중요한 순서대로 수첩에 메모해 놓는다.
- 일을 하고 나면 표시한다.
- 공부할 때는 가장 집중력 높은 시간에 한다.
- 공부가 잘 되지 않을 때는 설거지와 빨래 등의 집안일로 분위기 전환을 한다.
- 시험이 끝난 후와 방학 때는 아르바이트 시간을 더 늘린다.

하지만 시간이 지나면서 이런 노하우보다 중요한 게 있다는 것을 알게 되었다. 그것은 바로 '공부하는 시간보다 아르바이트 시간이 길어서는 안 된다!'라는 원칙이었다. 내가 미국에 머무르는 이유는 일하기 위해서가 아니라 꿈을 이루기 위해서였다. 그러나 일을 하다 보면 너무도 당연한 사실을 잊게 되는 경우가 생길 수 있다. 나는 그것을 경계했다. 그 당시 나에게 시간 관리는 꿈을 관리하는 일이 될 때만 의미 있었기 때문이다. 일의 종류는 당장 급하지는 않지만 중요한 것이 있는가 하면, 급하면서도 중요한 일도 있다.

좌충우돌 아르바이트 이야기

유학생으로 돈을 번다는 것이 쉬운 일은 아니었다. 우선 유학생의 신분으로 일을 하는 데엔 제약이 많았다. 당시 미국은 유학생들이 합법적으로 일할 수 있는 곳이 극히 제한적이었고, 급여 또한 아주 적었다. 유학생이 할 수 있는 것이라 해봤자 도서관, 학교 식당, 호두나무 농장에서 잡초 뽑는 일 등이었다. 시간당 1달러$면 괜찮은 일자리에 속했고 1달러$도 안 되는 일이 허다했다. 그렇게 일을 해서는 도저히 박사 과정을 버틸 경비를 마련할 수 없을 것 같아 불안했다.

박사 과정을 마쳐갈 무렵, 마땅한 일자리를 찾지 못해 캐나다로 떠났다. 마침 토론토에서 립스틱의 원료가 되는 지렁이잡이 모집이 한창이라는 소문을 들었다. 소문대로라면 학비에 보탬이 될 것 같았다. 지렁이잡이에 이용되는 통이 있는데, 한 통에 캐나다 달러 16달러$를 준다고 했다. 광고 말미에 일만 열심히 하면 목돈을 벌 수 있다는 문구도 보여 그 말만 믿고 토론토로 달려 갔다.

캐나다로 떠날 때 우리 수중에 남아있는 전 재산은 50여 달러에 불과했다. 캐나다 달러 16달러$가 미국 달러로 13달러$ 정도 하던 때였으므로, 방학 내내 가게 점원으로 일하는 것보다는 나을 거라는 기대를 한 것이다. 그런데 막상 지렁이를 잡아보니, 밤을 꼬박 새워도 한 통을 채울 가능성이 희박했다. 한 통을 채우려면 천 마리의 지렁이를 잡아야 하는데 지렁이가 매우 예민해서 가까이 다가가 손을 뻗치면 땅속으로 들어가 버리기 일쑤였다. 그 때문에 천 마리를 잡으려면 천 이삼백 번 정도 손을 뻗어야 했다. 또 지렁이는 속성상 달빛이 있는 밤에만 땅 위로 기어 나오기 때문에 일하는 시간은 늦은 밤부터 아침 7시까지였고, 날이 흐리거나 비가 오면 그나마 일을 할 수도 없었다. 우리를 더욱 힘들게 했던 것은 지렁이잡이 감독이 우리를 대하는 태도였다. 넓은 잔디밭에 랜턴을 쓰고 일을 했으므로 감독하는 이들은 우리를 쉽게 찾을 수 있었다. 이들은 우리가 열심히 지렁이를 잡지 않으면 위협적으로 행동했고 말투도 몹시 거칠었다.

그날 밤 현장에서 만났던 한국인이 기억에 남는다. 나이가 60대쯤 된 분이었다. 그의 젊었을 때 이야기를 들으며 많은 교훈을 얻었다. 놀랍게도 그는 한때 서울에서 큰 극장의 주인으로, 당시에 이름만 대면 누구나 알 만한 사람이었다. 그는 막대한 재산가였지만 방탕한 생활로 부도를 맞고 한국을 떠나왔다고 했다. 바로 그가 머나먼 타국에서 낮에는 청소 일을 하고 밤에는 지렁이잡이를 하며 살아가고 있는 것이었다. 인생 새옹지마란 게 이런 것이 아닌가 싶었다. 그날 일을 마치면서 나와 형님은 밤새 잡은 지렁이를 그에게 건넸다. 젊은 우리들도 하루 밤샘 일을 해보니 어깨와 허리가 쑤셔 오는데, 연로한 나이에 낮에는 대학에 나가 건물 청소를 하고 밤에 지렁이잡이를 병행한다는 것이 얼마나 힘들지 걱정되었던 것이다.

"아저씨, 내일 하루만큼은 푹 쉬세요."

우리가 해줄 수 있는 위로는 그 말이 전부였다. 그리고 그날부터 우리는 지렁이잡이 아르바이트를 그만두었다. 비록 돈을 벌지는 못했지만 나는 보다 소중한 교훈을 얻었다는 것에 의미를 두었다. 이 밖에도 아르바이트와 관련된 일화는 무궁무진하다. 한국계 신문사에 영어 뉴스를 한국어로 번역하다가 그 신문이 친북 잡지라는 사실을 알고 놀라 그만둔 적도 있고, 배달 일을 하면서 속도위반에 걸려 며칠 분의 급여를 벌금으로 물어야 한 적도 있었다. 그만큼 몸은 고되었지만 각각의 아르바이트는 나름대로 의미가 있었고, 덕분에 나의 정신은 더 단련될 수 있었다.

피그말리온 효과의 진실

　'피그말리온 효과'라는 것이 있다. 그리스의 피그말리온이라는 조각가가 자신이 상아로 만든 여인상을 너무 사랑한 나머지 살아 있는 여인에게 하듯 애정을 쏟으며 실제 사람으로 변하기를 바라는 간절한 기도를 드렸다. 이에 미의 여신 아프로디테가 감동을 받아 조각상을 진짜 여인으로 만들어주었다는 신화에서 유래한 말이다. 따라서 피그말리온 효과란 아무리 어렵고 불가능해 보이는 일이라도 간절히 이루어지길 바라고 믿으면 결국엔 그 소망이 이루어진다는 메시지를 담고 있다.

　비슷한 우리 속담으로는 '지성이면 감천'이라는 말이 있다. 심리학에서는 타인으로부터 긍정적인 기대나 관심을 받았을 때, 그로 인해 기대에 부응하는 쪽으로 변하려고 노력함으로써 좋은 결과를 가져오는 현상을 가리킨다. 흔히들 피그말리온 효과의 예로, 교사나 학부모가 학생을 믿어주고 칭찬하면 할수록 학생이 더 잘하려고 노력하는 현상을 들기도 한다. 이처럼, 간절히 바라면 이루어진다는 피그말리온 효과를 나도 생생하게 경험한 적이 있다.

　유학 시절, 아내와 내가 박사 과정을 무사히 넘길 수 있기를 간절히 바라던 때의 일이다. 당시 나와 아내가 하던 아르바이트로는 박사 과정 2년을 버틸 학비와 생활비를 마련하는 일이 거의 불가능했다. 그렇다고 박사 과정을 포기할 수도 없었으므로 나와 아내는 장학금과 생활비가 보장된 2년 동안 '최선을 다해 일하자.'라는 마음으로 아르바이트에 열중했다.

　그러던 어느 날, 로터리 인터내셔널 클럽 회장으로부터 아내에게 아주 좋은 일자리가 들어왔다. 아내가 할 일은 '가정 간호'로, 나이 든 할머니의 집을 방문해 대화를 나누고 산책이나 쇼핑 등의 외출을 돕는 일이었다. 그것은 아내가 하던 다른 아르바이트보다 일도 쉬울 뿐만 아니라 시간당 급여도 3달러나 되었다. 가정 간호는 주로 미국 간호사 자격증을 가진 이들이 하는 일로 급여가 무척 센 편에 속했다.

　아내에게 가정 간호 일을 제안한 배경 또한 우연이었다. 어느 날 모임에서 아내의 나이가 화제에 올랐는데, 아무도 아내가 스무 살이 넘었다는 사실을 믿으려 하지 않았다. 동양 사람을 만나본 경험이 거의 없는 그들의 눈에 아내는 고등학생으로 오해할 정도로 어려 보였던 것이다. 깜짝 놀란 아내가 한국에서 대학을 졸업했다고 자신을 소개하면서 자연스럽게 전공이 간호학이라는 것도 밝히게 되었다. 그렇게 해서 아내의 전공이 알려지자, 로터리 인터내셔널 클럽 회장이 아내를 적극적으로 가정 간호 일에 추천했다. 덕분에 아내는 낮뿐만 아니라 밤에도 일을 할 수 있게 되어 급여가 하루에 50달러$를 넘는 날도 생겨났다.

당시 우리 부부의 일주일 생활비가 20달러$였으므로, 그것은 우리에게 큰돈이었다. 그 돈으로 우리는 어느 정도 저축할 수 있었고, 그것은 박사 과정 동안 가장 큰 힘이 되었다. 아내가 밤에 일할 때는 나도 동행하곤 했는데, 그때마다 나는 그런 좋은 일자리를 얻게 된 것에 대하여 하나님께 감사했고, 간호하는 집에서 함께 밤샘하면서 서로를 더욱더 격려하게 됐다. 그리하여 박사 과정을 마칠 수 있는 돈을 마련할 수 있었다. 미국 유학을 떠나면서 아내가 자기 전공을 살려 가정 간호 일을 하게 될 것이라곤 전혀 생각하지 못했다. 그런데 뜻밖에도 그 일로 인해 나는 예상보다 편안히 공부할 수 있게 된 것이다. 그런 아내가 고마워서 나는 고맙다는 말을 자주 했다. 그러면 아내는 이렇게 말하곤 했다.

"무엇이든 간절히 원하면 이루어진다고 하잖아요."

간절히 원하면 반드시 이루어진다는 말은 진리다. 그 간절함은 우리를 최선의 노력으로 이끌기 때문이다. 이는 심리학에서 말하는 '피그말리온 효과'의 원리와 같다. 무언가를 강렬히 원하면 스스로 기대를 높이고, 그 기대는 결국 잠재된 능력을 이끌어 내 현실로 나타난다. 나는 유학 시절 그런 간절함을 누구보다도 생생히 경험했다. 그랬기 때문에 최선을 다한다는 이치가 숨어 있다고 나는 믿는다.

☀

망중투한

바쁜 틈에서 여백을 훔치다

유학 시절 나는 시간의 소중함을 피부로 느꼈다. 매 순간을 기록하며 철저히 관리했고, 이는 곧 삶을 풍요롭게 하는 습관이 되었다. '1분밖에 안 남았다.'라는 초조함은 어느새 '1분이나 남았다.'라는 여유와 기쁨으로 바뀌었다. 그 짧은 시간에도 책을 펼치거나, 새로운 아이디어를 메모할 수 있었다. 시간을 존중하는 습관 덕분에 나는 삶의 질을 높일 수 있었다. 그래서인지 훗날 미국에서의 기억을 더듬을 때 즐거운 일부터 생각나곤 했다.

미국에서 생활하며 즐거웠던 일 중 하나는 로터리 인터내셔널 클럽 친선 대사Goodwill Ambassador로서 지역 주민들에게 한국에 대한 강의를 맡았던 나에게 큰 의미가 된 경험이었다. 처음에는 의무감에서 시작된 일이었지만, 한국을 잘 모르는 지역 사람들에게 우리 문화를 소개하며 느낀 자부심과 보람은 무엇과도 바꿀 수 없는 귀한 경험이었다. 이 강의를 통해 나는 교육의 힘이 얼마나 큰지 다시 한번 깊이 깨달았다. 지역 주민들에게 한국에 대해 강의하는 일은 로터리 인터내셔널클럽이 후원하는 교환장학생들에게 주어지는 일종의 의무였다. 의무감에서 비롯된 일이지만 그 시간은 무척 즐거웠다. 강의 날짜가 다가오면, 나는 시카고 총영사관에 연락해 한국의 문화와 역사에 참고될 만한 자료를 요청했다.

1980년대 초 미국 사람 중에는 한국전쟁 당시만 기억할 뿐 최근의 변모된 모습을 제대로 알고 있는 이들이 많지 않았다. 아니, '한국'이라는 나라 이름을 처음 들어본 사람들도 많았다. 그 때문에 그들이 나를 통해 한국을 알고 이해하게 된다는 사명감에 최선을 다했다.

그때 잊히지 않는 사건이 하나 있다. 한번은 캔자스주 안에서도 왼쪽 끝자락에 있는 도시에서 강의 요청이 들어온 적이 있다. 내가 살고 있는 곳은 거의 오른쪽 끝이었으므로 나와 아내는 평상시보다 여유 있게 출발했다. 저녁 6시 강의에 우리가 도착한 시간은 5시. 그런데 강의 장소에 단 한 사람도 보이지 않았다.

'장소를 잘못 찾았나?'

'시간을 잘못 알았나?'

별별 생각을 다 하면서 강의 시간을 기다렸다. 6시가 좀 지나서야 사람들이 나타나기 시작했는데, 그들은 늦은 것에 대해 전혀 미안해하지 않았다. 그러면서 하는 말이 더 가관이었다.

"어휴, 일찍 오셨네요."

'일찍 오셨네요.'라는 말을 듣는 순간 아차 싶었다. 캔자스는 주州 안에도 한 시간의 시차가 있었다. 이를테면, 6시가 강의 시간인데 4시에 도착한 셈이었다. 그 후부터 강의 요청이 들어오면 나는 제일 먼저 시차부터 체크하곤 했다.

　로터리 인터내셔널 클럽 초청 모임은 강의뿐 아니라 파티도 종종 있었다. 파티는 짧게는 하룻저녁 모임에서부터 길게는 3박 4일 동안 이어지기도 했다. 우리도 3박 4일 동안 계속되는 파티에 초청을 받은 적이 있었다. 나와 아내는 그 긴 시간 동안 무엇을 하고 지낼까 하는 염려를 하며 파티에 참석했다. 그런데 그들은 3박 4일이 부족해 보였다. 낮에는 테니스 등 운동을 즐기면서 음식을 나눠 먹고, 밤이 되면 모두 하나 되어 밤새 춤을 추었다. 그런 류의 파티 문화는 우리에게 무척 생소해 처음에는 좀 놀랍고 어색했다.

　다행히 아내가 대학 시절 왈츠 과목 등을 수강했기 때문에 큰 문제가 되지는 않았다. 게다가 한복을 곱게 차려입은 동양 여인에 대한 호기심으로 아내는 줄을 서서 기다리는 신청자들과 함께 또 다른 문화를 배우며 즐거운 시간을 보냈다. 하지만 나는 전혀 춤을 추지 못해 아내가 춤추는 모습을 지켜보며 시간을 보내야 했다. 그럼에도 불구하고, 그 파티에 참석하는 일이 즐거웠다. 파티는 새로운 문화를 접할 기회이자 교육과 관련된 다양한 정보를 얻을 수 있는 자리였기 때문이다.

　유학 생활의 또 다른 즐거움은 바로 먹는 것이었다. 미국에서 나와 아내는 잉어와 사골 국물을 많이 먹었다. 몸에 좋은 사골이나 소꼬리가 공짜나 다름없을 정도로 가격이 저렴했기 때문이다. 캔자스주는 바다가 융기된 땅이어서 크고 작은 지류支流가 많았다. 우리가 살던 곳에 마침 심한 가뭄이 들어, 팔뚝보다 큰 잉어들이 온 강가에 널려 있었다. 신기한 것은 우리나라 사람들에게 보양 식품인 잉어를 미국인들은 전혀 먹지 않는다는 사실이다. 오히려 잉어를 먹는 우리를 신기해하며 수십 마리의 잉어를 잡아다 준 미국인 친구도 있었다. 우리는 그것을 손바닥만 한 크기로 포를 떠 냉장고에 넣어 놓고 수시로 먹곤 했다.

사골이나 소꼬리 뼈는 동네 푸줏간에서 80센트면 한 보따리를 살 수 있었다. 그때만 해도 소꼬리 뼈는 한국 사람들 외에는 찾는 경우가 드물어, 그것은 항상 우리 차지였다. 미국 사람들은 사골을 강아지 음식으로나 쓸 뿐 식용으로는 거의 사용하지 않았다. 덕분에 유학 기간 동안 잉어와 사골 국물은 가난한 유학생의 건강을 지켜주는 고마운 보양식품이었다.

앵무새가 되어선 안 된다

1979년 가을학기에 석사를 시작한 나는 여름과 겨울학기 수업까지 빽빽하게 수강하여 불과 1년 반 만에 석사 과정을 마칠 수 있었다. 석사 과정을 마친 나는 곧바로 찰스 리츠Charles Litz 교수를 지도교수로 모시고 캔자스 주립대학에서 박사 과정에 들어갔다. 내가 다른 대학을 마다하고 이 대학을 택한 데에는 여러 가지 이유가 있었다. 그중에서도 가장 큰 이유는 찰스 리츠 교수 때문이었다. 그는 학생들 사이에서 '채드Chad'로 불렸는데, 교육철학 분야에서 상당한 학식을 인정받고 있는 사려 깊은 학자였다.

석사 과정 때 교육재정 과목을 가르쳤던 스테노Stehno 교수로부터 채드 교수를 추천받은 나는 그를 찾아갔다. 첫 만남에서, 나는 박사 과정 중 내가 배우고자 하는 과목과 목표를 설명한 후 지도교수가 되어줄 것을 요청했다. 그는 차분한 모습으로 내 계획을 경청하고 나서 내게 물었다.

"교육행정을 공부한 뒤에는 무엇을 하고자 하나? 보통의 미국 학생들은 교육행정을 마친 후에 교장이나 교육장 또는 교육감의 길을 걷네. 미스터 리도 미국에서 교육행정가가 될 생각인가?"

그의 말대로 교육행정학과는 대부분 교장 또는 교육장이 되려는 이들이 주를 이뤘다. 우리나라에서는 교장 연수를 받으면 되지만, 미국에서는 교육행정학에서 석사 이상을 받아야 교장을 비롯한 교육행정가가 될 수 있기 때문이다.

"아닙니다. 저는 공부를 마치면 바로 고국으로 돌아가 한국의 교육정책을 책임 맡는 자리에서 일하고 싶습니다."

내 포부를 들은 채드 교수는 미소를 지으며 나를 제자로 받아들였고, 그날부터 나의 지도교수가 되어주었다. 그날 면접은 거기에서 끝나지 않았다. 채드 교수로부터 제자로 받아들이겠다는 이야기를 들은 나는 박사 과정 이수 계획서program of study에 사인해줄 것을 요청했다. 갑작스러운 내 행동에 채드 교수가 물끄러미 나를 쳐다보았다. 나는 조마조마한 마음으로 그의 다음 질문을 기다렸다. 하지만 그의 대답은 예상을 빗나갔다.

"그 자신감이 무척 마음에 드네. 대신 열심히 공부하게. 내가 항상 미스터 리를 지켜본다는 사실을 한시도 잊어서는 안 되네."

그러고는 유쾌하게 웃으면서 계획서에 선뜻 사인을 해주었다. 내가 그처럼 당돌하게 서명을 요구한 데에는 그럴 만한 이유가 있었다. 그것은 내가 계획한 기간 내에 박사 과정을 반드시 마치겠다는 강한 의지를 표현하기 위한 것이었다. 지도교수의 사인까지 요청한 것은 한국 유학생 중에서 실력은 있으나, 지도교수와의 관계에 문제가 생거 박사 과정에 애를 먹고 있는 학생이 있다는 이야기를 들었기 때문이다. 나는 사전에 그런 일이 생기지 않도록 방지하고 싶었고, 그래서 고안해 낸 방법이 사인이었다. 지금 생각하면 너무도 당돌한 행동이라 웬만한 교수라면 아마 지도교수로 받아달라는 요청조차 거부했을지도 모를 일이다. 하지만 그런 행동을 자신감 있다고 칭찬하며 흔쾌히 사인해 준 지도교수가 얼마나 고마웠는지 지금 생각하면 그 은혜를 잊을 수가 없다. 채드 교수는 나를 볼 때마다 그냥 지나치지 않았다.

"미스터리, 한국 교육을 바꾸겠다는 뜻은 변함없겠지? 그러려면 열심히 공부해야 하네."

그런 관심이 있었기에 더욱더 공부에 열중할 수 있었다. 내가 더 놀란 것은 그가 백혈병에 걸린 것을 알고도 수업을 진행하고 있다는 사실이었다. 그래서인지 그는 학생들에게 지식을 가르치는 데 그치지 않았다.

박사 과정 첫해, 첫 중간고사 때의 일이다. 성적을 받아보니 그가 가르치는 교육철학 과목의 성적이 형편없었다. 그리 어렵지 않게 답안을 썼다고 생각한 나는 교수님을 찾아갔다. 그러자 그는 내게 최하점수를 준 이유를 설명해 주었다.

"미스터 리는 한 학기 동안 내가 말한 것을 아주 잘 정리했더군. 하지만 내가 원한 건 그게 아니었네."

그 순간 내 머릿속에는 채점란 끝머리에 쓰여 있던 문구가 떠올랐다.

Write your own idea. 자기 생각이 뭔지를 써라.

내 예상대로 채드 교수는 점수가 낮은 원인을 이렇게 설명해 주었다.

"하지만 안타깝게도 미스터 리 자신의 견해가 없었네. 내가 교수라고 해서 내 생각을 옹호하고 따라올 필요는 없네. 나를 비판하고 나를 뛰어넘어 자네의 생각을 만들어가게. 모든 학문은 비판적인 사고critical thinking에서 출발해야 발전할 수 있다네."

"……."

지도교수의 말이 옳았기에 내 점수를 인정하고 돌아 나올 수밖에 없었다. 점수는 기대 이하였지만 기분은 날아갈 것 같았다. 앞으로 어떤 자세로 공부해야 할지를 깨달았기 때문이다. 무조건 지식을 쌓기에만 급급하지 않고, 그것을 내 것으로 만들려고 노력하게 되었으며, 자연스럽게 미국적인 내용들을 한국에서 어떻게 적용하면 좋을지를 고민하기 시작한 것이다. 박사 학위 졸업식장에서도 그는 나를 격려하는 것을 잊지 않았다.

"미스터리, 자네가 처음 찾아와 한국의 교육 정책을 짊어질 각오로 공부한다고 말한 게 생각나네. 그때 자네는 굳은 결심을 하고 있었네. 이제 하루빨리 한국으로 돌아가게. 그리고 꼭 그 뜻을 이루길 바라네. 나는 자네가 해낼 수 있다고 믿네."

채드 교수는 유학 기간을 통틀어 내게 가장 큰 영향을 준 분이다. 무엇보다 그는 내게 '앵무새가 되지 말고 자신의 생각을 가진 학자가 되어라.'라는 소중한 교훈을 깨우쳐 준 진정한 스승이었다. 그와 헤어지면서 악수를 나눌 때 내 인생에 최고의 스승과의 마지막 만남이라는 생각이 들었다. 그는 당시 백혈병을 앓고 있었으므로, 한국으로 돌아가면 다시 만날 기회가 쉽지 않을 뿐만 아니라, 그와 같은 훌륭한 스승을 다시 만날 기회도 없을 것 같았기 때문이다.

한국인의 힘, 나의 이야기

캔자스 주립대학은 한 곳에 있는 것이 아니라 캔자스주 여러 곳에 있었다. 나는 석사 과정은 포트 헤이즈에 있는 캔자스 주립대학에서 공부했고, 박사 과정은 맨해튼에 있는 캔자스 주립대학에서 공부했다. 캔자스 주립대학에는 나 외에도 여러 명의 한국인이 공부하고 있었다. 공부와 아르바이트로 한국인 유학생들과 자주 어울리지는 못했지만, 같은 학교에 한국인이 있다는 것만으로 마음이 든든했다. 외국에서 생활하는 사람 대부분이 그러하듯 나와 아내 역시 향수병을 안고 살았는데, 그 향수병이 자라면 애국심이 되었다. 실제로 태극기만 봐도 마음이 울컥했고, 애국가를 들으면 뜨거운 눈물이 흘러내렸다.

1980년대 초반은 지금처럼 해외로 나가는 일이 훨씬 드물어서 외국 생활을 하다 돌아온 이들은 대부분 애국자가 되던 시절이었다. 한국인과 관련된 일이라면 팔 걷고 나서는 것도 당시 유학생들의 양심이었다. 다른 나라 유학생들보다 한국인은 확실히 단결이 잘되었다. 은연중 한 민족이라는 동질감이 작용하는 듯했다. 나 역시 마찬가지 심정이었으므로 주위에서 부당한 일을 당한 한국인의 소식을 들으면 잘 모르는 사람이더라도 함께 아픔을 나누었다. 때로는 적극적으로 나서기도 했다.

언젠가 한 번은 나와 함께 공부하는 유학생 아내가 모텔에서 6개월간 일하고도 임금을 전혀 받지 못하고 있다는 사실을 알게 되었다. 그러나 항의할 수도 없는 처지였다. 불법 노동이 밝혀지면 오히려 추방 당할 위험에 빠질 수도 있기 때문이었다. 그 말을 듣고 나는 모텔로 찾아가 미국인 사장을 만나 임금을 줄 것을 정식으로 요청했다. 조목조목 따져 가며 임금을 주는 것이 마땅한 일임을 말하자, 사장은 군색한 변명을 하며 곧 임금을 지급하겠다고 약속했다. 순진한 나는 그 말을 믿고 돌아왔지만, 달라진 것은 없었다. 다시 찾아가도 상황은 마찬가지였다.

아무리 생각해도 내 힘으로는 불가능했다. 고심 끝에 나는 그런 류의 사람은 내가 아닌 미국인으로부터 비난을 받아야 임금을 줄 것이라는 판단에 그 지역 로터리 인터내셔널 클럽 회장을 찾아가 열변을 토했다. 임금을 대신 받아달라는 말은 아니었다. 나는 너무도 창피스러운 미국인을 만난 경험담을 말했을 뿐이었다. 그 이야기는 당연히 사장의 귀에 들어갔고, 유학생의 아내는 6개월간 힘들게 일한 대가를 받을 수 있었다. 임금을 받은 날, 우리 부부와 그들 부부는 넷이서 부둥켜안고 한참을 울었다. 6개월간의 체증이 가라앉는 순간에, 그토록 서러웠던 것은 낯선 타국 땅에서 한국인이 당한 설움은 곧 내가 당하는 설움이라는 동지의식 때문이었을 것이다.

어머니께 쓰는 편지

　박사 과정을 시작한 후 첫 시험을 볼 때의 일이다. 시험을 마치고 나오는데, 학과 사무실에서 나를 찾는다는 전갈을 받았다. 학과 사무실에는 토론토에 있는 둘째 형님에게 온 메모가 있었다. 메모에는 '급히 전화하라.'고 적혀 있었다. '급히'라는 문구를 보는 순간, 불길한 느낌이 들었다. 나는 집에 전화가 없었고, 형님은 직접 전화를 받을 곳이 있어 한국에서 소식을 전할 일이 있으면 형님에게 전화했기 때문이다.

　예상은 적중했다. 전화를 받는 형님의 목소리에 슬픔이 느껴졌다. 형님은 떨리는 목소리로 어머니가 돌아가셨다는 소식을 전했다. 형님의 입에서 '어머니'라는 단어가 나온 순간, 가슴이 무너져 내리는 것 같았다. 우리는 아무 말도 잇지 못한 채 서로의 울음소리만 수화기 너머로 들으며 한참을 그렇게 울었다. 타국에서 어머니의 마지막 모습을 지켜볼 수 없다는 사실은, 평생 씻을 수 없는 아픔이자 후회로 내 가슴 깊이 자리 잡았다.

젊은 시절에 고생을 많이 하셔서 어머니는 늘 몸이 편찮으셨다. 특히 가슴앓이의 고통을 참기 위해 소금을 자주 드셨다. 그런데도 병원에 가면 특별한 진단이 나오지 않아 한의원에서 침을 맞는 것이 치료의 전부였다. 2년 전 유학을 떠나면서 우리 부부의 가장 큰 걱정은 역시 어머니의 건강이었다. 하지만 나에게는 믿음이 있었다. 어머니는 내가 유학을 마치고 돌아오기 전까지 절대 돌아가시지 않을 것이라는 믿음. 어머니는 나에게 그런 존재였다. 한데 그것은 나의 착각이었던 것이다. 한참을 울고 난 후에 형님이 먼저 말을 꺼냈다.

"군현아, 너는 그냥 있어라. 나 혼자 다녀오마."

"형, 무슨 말이야?"

"그럼, 너 시험 포기할 거니? 시험 포기하면 한 학기를 더 다녀야 하는데 감당할 수 있겠어?"

현실로 돌아온 나는 아무 말도 할 수가 없었다.

"군현아, 너나 나나 지금 떠나도 장례식 마지막 날이나 돼야 겨우 도착할 텐데, 시험을 포기하면 다시 한 학기를 더 다녀야 한다는 걸 네가 감당할 수 있겠니?"

형의 목소리에는 현실적 고민과 애틋한 걱정이 섞여 있었다. 그 순간 나는 현실과 감정 사이에서 갈등하며 아무런 대답도 하지 못했다. 결국 전화기를 내려놓고 하염없이 걷기 시작했지만, 떠나지 못한 채 떠난 어머니를 생각하며 홀로 깊은 슬픔과 죄책감을 느꼈다. 형님과 전화를 끊은 후 나는 정처 없이 걷기 시작했다. 어머니가 돌아가셨다는 사실 외에 아무 생각도 나지 않았다. 마지막 돌아가실 때 어머니는 분명 우리의 얼굴을 마음으로 더듬으셨을 거란 생각을 하니 더욱 마음이 아팠다. 한참을 걷다 문득 정신을 차려보니 벌써 날이 어둑해져 있었다.

'가야 하는데, 가야 하는데…….'

마음속에 떠오르는 생각은 오직 이것뿐이었다. 그런데 현실을 보면 망설여지는 것이 사실이었다. 이틀 남은 시험을 보지 않으면 한 학기를 다시 공부해야 할 뿐만 아니라, 왕복 비행기표 비용에 대한 부담 때문에 마음이 무거웠다. 자식 된 도리로, 어머니 가시는 길을 배웅하는 것은 당연한 일임에도 불구하고 망설여야 하는 현실이 너무 슬퍼 나는 밤새 잠을 이루지 못했다. 그리고 동이 트기 전, 나는 현실을 택하기로 결심하고 다른 날보다 더 일찍 학교로 향했다. 나는 당시 '어쩔 수 없다.'라는 이기적인 생각을 했었다. 그리고 공부를 잘 마치고 귀국하는 길이 어머니를 위로해 드리는 것이라고 스스로를 합리화시켰다. 그때 어머니의 장례식에 참석하지 못한 것이 참으로 후회스럽다.

'자식의 도리를 다하지 못하고, 그까짓 시험을 잘 보고, 돈을 아껴야 한다는 것이 무슨 소용이 있다는 말인가.'

회한은 시간이 흐를수록 가슴 깊은 곳에 더욱더 큰 자리를 차지하는 것 같다. 어머니 장례식에 가지 못한 내 행동은 지금까지 살아오면서 가장 잘못된 판단이자 가장 후회되는 일로 가슴에 남아 있다. 돌아가시는 순간에도 아들 걱정을 했을 어머니 생각에 매년 어머니 제삿날이면 나는 마음에 돌덩이 하나를 얹어 놓은 죄인이 되어 어머니를 그리워한다.

8남매를 키우시느라 할머니처럼 보였던 나의 어머니, 생각만 해도 눈물이 난다. 서울에 갓 이사와 종종 끼니를 걸러야 할 때에 늘 마음 아파하고 눈가에 자주 눈물을 보이셨던 나의 어머니, 이제 나도 제법 나이가 드니 세월의 두께만큼이나 그리움의 두께가 더해가는 것만 같다.

'어머니, 보고 싶습니다. 그리고 죄송합니다, 어머니⋯⋯.'

청무 씨의 교훈

미국에 머물면서 나와 아내는 가능한 한 빠른 시간에 박사 과정을 마치고 한국으로 돌아가기 위해 온갖 노력을 기울였다. 1982년 박사 과정을 마치고 나서 졸업 논문을 남겨두고 있을 때였다. 그사이 첫아이가 생겨 우리는 더 들떠 있었다. 아버지와 동생들도 우리의 귀국을 기다렸다. 아들에게도 하루빨리 가족과 조국을 보여주고 싶었지만, 아직 1년 가까운 시간이 더 필요했다.

박사 과정을 마치고 났을 때, 우리에게 남은 돈은 고작 50달러뿐이었다. 당장 집세는 물론이고, 하루하루 먹고살기도 막막한 상황이었다. 어쩔 수 없이 우리는 토론토로 향했고, 형님의 집에 머물며 3개월 동안 닥치는 대로 아르바이트를 했다. 생활비와 귀국 비용을 마련하기 위해 새벽부터 밤늦게까지 몸이 부서지도록 일했던 그 시간은 내 인생에서 가장 힘들고 고통스러웠던 시간이자 동시에 가장 절실하게 가족과 꿈을 붙들었던 순간이었다.

토론토에서 형님의 소개로 알게 된 한국인 중에는 성공한 사업가가 한 명 있었다. 그는 토론토 한인 사회에서 가장 큰 가게를 운영하는 사람으로, 커다란 규모의 가게를 세 개나 운영하고 있었다. 우리가 머무는 동안 우리 가족을 몇 차례 자기 집으로 초대했다. 그런데 어느 날 그가 나에게 제안을 해왔다. 세 개의 가게 중에서 하나를 맡아 운영해 보라는 것이었다. 그러면서 아주 파격적인 조건을 제시했다.

가게 운영을 시작하는 데 있어 내가 지급할 비용은 전혀 없었다. 물건과 거래처도 모두 그대로 유지하고, 나는 가게를 운영하면서 매달 수익금의 절반만 그에게 주면 된다는 것이었다. 그의 가게는 캐나다로 이민 간 한국인들이 최소한 10년은 고생해야 이룰 수 있는 가게였다. 그는 자신의 심정을 솔직히 털어놓았다.

"이 선생, 나는 이제 나이도 먹을 만큼 먹어 더 이상 돈 버는 데 시간을 보내고 싶지 않아요. 그렇다고 어렵게 일구어 놓은 가게를, 그것도 장사가 잘되는 가게를 팔 수도 없고. 지금 내가 바라는 것은 믿고 맡길 사람이에요. 이젠 하나만 운영하면서 쉬엄쉬엄 살고 싶어 그래요."

가족들과 상의해 보겠다는 말을 남기고 돌아오면서 흔들리는 내 마음을 느낄 수 있었다. 그때 나는 당장 생활비와 한국에 돌아갈 이사 비용을 마련해야 하는, 경제적으로 어려운 처지에 있었다. 하지만 단 한 번도 한국으로 돌아가지 않는 경우를 생각해 본 적은 없었다. 교수 자리 구하기가 쉽지는 않지만 일단 한국으로 돌아가 자리를 찾자는 생각이었다. 그런데 놀랍게도 그 제안에 나는 분명 흔들리고 있었다. 집으로 돌아온 나는 먼저 아내의 의견을 물었다. 아내는 내 뜻에 따르겠다고 말하면서도 딱 3년만 가게를 운영해 보자고 제안했다. 아내는 '캐나다가 미국과 달리 자연경관도 아름답고 복지 정책도 잘되어 있어 꼭 한 번 살아보고 싶은 욕심이 드는 나라'라는 것이었다.

그날 이후 하루가 1년 같은 날들이 지속되었다. 사실 금전적으로만 생각하면 한국으로 돌아가 대학에서 학생들을 가르치게 될 경우 1980년대 초에 한 달 월급은 많아야 80만 원 정도였다. 게다가 우리는 한국으로 돌아갈 경비조차 없는 상황이었으므로 한국으로 돌아갔을 때의 대책도 전혀 마련되어 있지 않았다. 사택이 있는 직장을 구하거나 그렇지 않으면 월세방에 상당 기간 살아야 하는 것이 우리가 세울 수 있는 계획이었다. 그에 비해 캐나다에서 가게를 운영하면 한국 월급 정도는 비교가 되지 않았다.

하지만 내가 최종적으로 내린 결론은 한국으로 돌아가 현실과 부딪치자는 것이었다. 내가 아내와 미국에서 고생해 가며 공부한 것은 편안한 삶을 위해서만은 아니었다. 나에게는 꿈이 있었고, 그 꿈을 포기하고 안주하기에 나는 너무 젊었다. 그리고 잠시 잊고 있던 내 꿈을 떠올려 준 것은 청무씨였다.

어려서부터 청무를 좋아했던 나는 가끔씩 아삭아삭 베어 먹던 청무 맛이 몹시 그리웠다. 그럴 때마다 혹시나 하는 마음에 식료품점에서 무를 사서 먹어봤지만, 매번 후회했다. 그것은 내가 그리워하는 맛이 아니었다. 결국 우리는 한국에서 청무씨를 공수 받아 학교에서 운영하는 주말 농장을 신청해 정성껏 키웠다. 싹이 난 후부터 나는 빨리 자라기를 기원하며 물을 주고 열심히 가꿨다. 그때의 심정은 반

가운 손님을 기다리는 마음이었다. 한데 기대했던 맛이 아니었다. 아삭한 맛은 전혀 없고 마치 칡뿌리처럼 질기기만 했다. 잎사귀도 마찬가지였다. 소금에 절여 김치를 담가 보았지만 억세고 질겨서 도저히 먹을 수가 없었다.

똑같은 무씨라도 토양이 다르면 청무가 칡뿌리처럼 질겨지게 된다는 경험을 하고 나서, 한 가지 깨달음을 얻었다. 그것은 내가 미국 학문을 아무리 배워 봤자 그것은 온전한 우리의 것이 될 수 없다는 것이었다. 온전한 우리의 것이 되기 위해서는 좋은 정책들을 그대로 답습하는 것이 아니라 그것을 한국 상황에 맞게 변화시켜야 한다. 미국에서 공부하는 동안 나는 그런 마음으로 공부하며 한국으로 돌아갈 날을 꿈꾸었다. 청무씨를 떠올리고 나서야 미국 유학길에 오를 때 내가 가졌던 꿈을 떠올릴 수 있었고, 한국으로 돌아가기로 마음을 정리할 수 있었다. 나는 아내에게 내 뜻을 전했다.

"여보, 당신이 반대하지 않는다면 나는 바로 한국으로 돌아가고 싶소. 당신도 기억하는 것처럼 내가 미국에서 어렵게 공부한 것은 사람을 바로 세우고 싶어서였소. 내가 바로 세우고 싶은 사람은 노란 머리에 파란 눈의 아이들이 아니오. 나는 까만 머리에 까만 눈을 가진 한국 학생들의 미래를 위해 일하고 싶소."

간곡한 내 말에 아내 역시 잠시나마 편하게 살고자 했던 것을 미안해하며 한국으로 돌아가는 데 동의했다. 그날 우리는 조금 특별한 다짐을 했다. 그것은 바로 우리가 아무리 어려워도 '당당하게 살자'는 것이었다. 캐나다는 분명 선진국이었으므로 우리나라보다 살기 편한

조건을 갖춘 나라임이 틀림없었다. 하지만 그렇다고 캐나다 사람이 이루어낸 풍요로움에 무임승차하고 싶지는 않았다.

'한국으로 돌아가서 열심히 노력해 한국을 우리가 가장 살고 싶은 나라로 바꾸자!'

그것이 그날 나와 아내의 다짐이었다. 마음을 다잡고 나서야 누군가의 소리가 들려왔다.

'미스터 리, 빨리 한국으로 돌아가게나. 가서 한국 교육정책을 바꿀 주역이 되어야 하지 않겠나!'

백혈병과 싸우면서도 학생들을 가르치던 지도교수의 열정적인 모습을 떠올리며 잠시나마 눈앞의 안락에 주저했던 내가 부끄러웠다.

✳ 당당한 선택

한국으로 돌아오면서 나와 아내는 캐나다에서와 같은 실수를 반복해선 안 된다는 생각에 한 가지 중요한 결정을 내렸다. 그것은 바로 아들의 미국 시민권을 포기하는 일이었다. 미국에서 태어난 아들에게는 미국 시민권이 부여됐다. 그때나 지금이나 한국 부모들은 자식에게 미국 시민권이 있으면 유리하다고 생각하고 있던 게 사실이다. 우리 부부 역시 그런 생각이 전혀 없지 않았다. 무엇보다 미국 유학 경험이 있던 내게 가장 걸리는 것이, 만약 아이가 자라 나처럼 미국에서 공부하게 될 경우 미국 시민권자는 학비가 무척 저렴하다는 점이었다. 내가 유학을 온 마당에 아들 세대에서 유학은 더욱 흔한 일이 될 게 뻔한 이치였으므로 나는 기회를 살려두고 싶었다.

하지만 토론토에서 안정적인 사업 운영 제안을 받았을 때, 내 마음은 한동안 심하게 흔들렸다. 그러나 이민과 시민권 취득을 고민하며 나는 깨달았다. 결국 우리 아들에게 진정으로 물려주고 싶은 것은 편안한 삶이나 손쉬운 성공이 아니라, 한국인으로서의 자부심과 당당한 정체성이라는 것을. 아들이 떳떳한 한국인으로 성장할 수 있도록 기회를 제한하더라도 어려운 길을 택하기로 했다.

속된 말로 미국 시민권은 '양다리'였다. 나는 행여 아들이 성장해 한국에서 적응하지 못하고, 미국에 가서 뭘 해보면 어떨까 하는 마음을 먹을 수도 있다는 생각에 아예 시민권을 포기하게 하고 싶었다. 물론 다른 한편으로는 부모로서 잘못된 판단을 내리는 것은 아닐까 하는 불안감도 없지 않았다. 아이에게 주어진 기회를 더 넓혀주진 못할망정 오히려 기회를 좁히는 결과가 될지도 모른다는 생각이 들었기 때문이다.

그러나 거듭 생각해도 결론은 마찬가지였다. 나와 아내는 오랜 고민 끝에 결론을 내렸다. 우리가 가장 원하는 것은 아들이 어디에서나 당당하게 자신을 한국인이라고 말할 수 있는 사람이 되는 것이다. 그런 마음으로 귀국을 앞둔 그날, 나는 공항에 도착하자마자 출입국 관리소에 들러 시민권 포기 절차를 알아봤다. 그것이 미국 생활을 정리하고 한국으로 귀국하기 전, 마지막으로 해야 할 일이라고 생각했던 터라 더 이상 미루고 싶지 않았기 때문이다. 그러나 "시민권을 포기하는 것은 부모의 권리가 아니라 자녀의 선택입니다. 그 때문에 만 18세 이후에야 결정할 수 있습니다."라는 직원의 답변에 마음이 더욱 복잡해졌다. 아들이 자라 어떤 결정을 하든 존중하겠지만, 내 마음 한구석에는 그가 결국 우리의 바람대로 선택하길 바라는 기대와 불안이 공존하고 있었다. 우리는 결국 미국 시민권을 유지한 채 귀국해야 했다.

너무도 감사한 일은, 아들이 우리 부부의 그런 뜻을 이해하는 한국인으로 성장했다는 점이다. 아들이 자기 스스로 선택할 나이가 되었을 때, 나와 아내는 아무것도 강요하지 말고 아들의 선택을 존중하자는 입장을 견지했다. 그리고 마침내 국적 선택과 군대 문제를 결정할 기로에 섰을 때 아들이 미국 시민권을 포기하겠다는 결정을 내리는 걸 보고 비로소 안심할 수 있었다. 만약 아들이 시민권을 유지하겠다고 하면 내 생각을 계속 고집할 수 없었기 때문이다. 그런데 아들의 선택은 거기서 그치지 않았다. 당시 아들은 카이스트에 다니고 있었으므로 박사 과정을 밟으면 자동으로 군대에 가지 않아도 되는 상황임에도 불구하고, 인생의 더 많은 면을 배워 보고 싶다며 군대 가는 길을 택했다. 아들의 결정을 놓고 우리 부부는 겉으로 내색하진 않았지만, 너무 자랑스러웠다. 우리 부부의 바람대로 당당하게 자라준 아들이 고맙고 대견스러워 그날 나와 아내는 한동안 잠을 이루지 못했다.

카이스트 꼴찌들의 고민

1983년 봄에 공부를 마치고 한국으로 돌아온 나는 한국교육개발원에서 1년 정도 근무하다가 카이스트KAIST 교수로 새로운 삶을 시작했다. 카이스트는 전국적으로 성적이 우수한 이공계 학생들이 모여 있는 곳이었다. 실제로 학생들을 가르쳐보니 사회과학을 전공한 나와는 다른 면이 많았다. 그것은 세대 차이와는 또 달랐다. 학생들은 생각하는 방식도 과학적이었고 창의력 또한 매우 뛰어났다. 그러다 보니 그 안에서 우열을 가리는 일이 큰 의미가 없어 보였다. 하지만 함께 모여 공부하다 보면 온갖 시험을 치르게 되고 자연스럽게 순위가 매겨지기 마련이다.

문제는 바로 여기에서 시작되었다. 1등이 있으면 당연히 꼴등도 있는 법인데, 고등학교 때까지 늘 상위권을 지키던 학생들에게 남보다 뒤처지는 일은 스스로 용납할 수 없는 일이었던 것이다. 그 때문에 그것을 비관해 자살하는 학생들이 종종 있었다. '영재들이 모인 곳에서 성적을 비관해 자살한다.' 모순된 상황을 지켜보며 마음이 착잡

했다. 물론 성적이 뒤처진 학생들의 심정을 이해하지 못하는 건 아니었다. 하지만 내겐 공부하고 싶어도 여건이 허락하지 않았던 시절이 있었다. 그래서일까, 모든 걸 가진 듯 보이는 학생들이 단지 성적 때문에 너무 쉽게 무너지고 절망하는 모습을 볼 때면 마음 한편이 무겁고 안타까웠다. 그들의 아픔을 다 감싸줄 수는 없었지만, 적어도 한 사람이라도 다시 일어설 수 있도록 돕고 싶었다. 나는 틈이 나는 대로 학생들에게 자신이 우수한 인재임을 잊지 말라는 당부를 하면서 그런 마음가짐을 가질 수 있는 소양을 쌓을 수 있도록 가르쳤다.

그럼에도 불구하고 매년 자살하는 학생들이 있었는데, 어느 해에는 단 한 해 동안 네 명의 학생이 스스로 생을 마감하는 아픔이 있었다. 그들의 공통된 이유는 성적이었다. 그 사실을 받아들이는 것은 참으로 고통스러운 일이었고, 나 자신에게도 무거운 질문을 던지게 했다. 이 아이들에게는 진심으로 전하고 싶었다. "행복은 성적표에 있는 숫자가 아니라, 너 자신을 사랑하는 마음에서 시작된다는 것"이라고. 마음이 무거웠던 나는 학생들과의 면담을 통해 행복은 성적순이 아님을 강조하며 좀 더 넓고 큰 시야에서 사고할 수 있도록 노력하라고 당부했다. 카이스트를 벗어나면 어디서든 1등을 할 가능성이 무궁무진한 아이들이 단지 성적 때문에 비관한다는 사실이 너무도 가슴 아팠기 때문이다.

어느 날, 한 학생이 학부모와 함께 나를 찾아왔다. 성적이 좋지 않아 심각한 갈등을 겪고 있는 학생이었다. 나는 조심스레 부모님께 양해를 구하고 학생과 단둘이 남았다. 잠시 정적이 흐른 뒤, 조용히 물었다.

"무엇이 널 가장 힘들게 하니?"

학생은 한참을 말없이 고개만 숙이고 있었다. 그리고 떨리는 목소리로 말했다.

"성적도 성적이지만…… 부모님의 기대가 너무 버거워요."

"1등이 아니라는 거요. 전, 한 번도 1등을 놓친 적이 없어요……."

그 말을 듣고 마음이 무너지는 것 같았다. 나는 대한민국을 이끄는 기업가들 중에서 초등학교밖에 졸업하지 못한 사람들이 얼마나 많은지, 학교 성적은 형편없었지만 세계적인 과학자가 된 사람들이 얼마나 많은지를 들려주며, 이 세상은 1등에 의해 이끌려가는 것이 아니라고 설득했다. 그런데도 학생은 1등이 아닌 상황을 받아들일 수 없다는 말만 되풀이했다. 결국 나는 큰 소리로 꾸짖었다.

"이놈아, 겨우 대학에서 1등 놓쳤다고 자살을 해? 그런 생각으로 공부할 거면 너 하고 싶은 대로 해봐. 하지만 이것만은 명심해. 어느 조직이든 1등은 한 명밖에 없어. 네 생각대로라면, 1등을 제외한 모든 사람은 살아갈 가치조차 없는 쓸모없는 존재란 말이냐? 그렇다면 나도, 네 부모님도 너랑 같이 공부하는 친구들도 모두 존재의 의미가 없어. 결국 남는 건 1등 한 사람뿐이야. 한 사람만 남았을 때 과연 1등이 어떤 의미가 있을까?"

그렇게 말한 후 자리에서 일어났다. 내가 할 수 있는 것은 거기까지였다. 최종 선택은 내가 내리는 것이 아니라 그 학생의 몫이라는 게 내 생각이었다. 다행히 그 학생은 1등 증후군에서 벗어나 무사히

학교를 졸업했다.

　하지만 매년 그 학생과 똑같은 이유로 자살을 택하는 학생이 나타나 나를 아프게 했다. 만약 공부를 잘하는 사람만이 가치 있게 살 수 있는 것이 세상이라면, 그들은 다양성과 조화가 없는, 메마르고 황량한 사막의 '나 홀로' 오아시스와 같은 존재에 불과할 것이다. 그러면 이 세상은 기회와 희망이란 단어도, 보람이라는 표현의 진의도 통하지 않는 곳이 되고 말 것이다.

3부

미래 경남 교육을 위한 제언

오늘날 대한민국의 전체 시가총액은
미국의 애플(Apple)이나 마이크로소프트(Microsoft)
한 회사의 절반 수준에 머무른다.
이는 경제 규모가 아니라 교육이 안고 있는 구조적 문제를 반영한다.

앞으로 대한민국이 세계 속에서 우뚝 서기 위해서는 두 가지가 필요하다.

1. 인성교육의 재정립 _ 인성이 뒷받침되지 않은 지식은 공허하다.
2. 4차 산업혁명 시대의 지식 _ 기술 교육·AI, 빅데이터, 로봇공학, 바이오 등
미래 핵심 분야에 대한 체계적 교육이 필요하다.

국민은 이미 근면성과 우수한 두뇌를 지니고 있다.
문제는 교육 시스템이다.
목표와 방향을 제대로 세우고,
체질을 획기적으로 개선해 올바르게 운영한다면,
대한민국은 반드시 더 위대한 나라로 나아갈 수 있다.

✳
4차 산업혁명 시대와 교육의 변화

　오랜 역사와 전통으로 빛나는 자랑스러운 대한민국은 외세의 침략과 가까이는 일제의 36년간의 식민 통치 하에서도 나라를 위해 목숨을 바친 수많은 애국지사와 국민의 단합된 힘과 슬기로 이 나라를 지켜 왔다.

　우리는 동족상쟁의 비극인 6·25전쟁의 폐허 속에서도 굴하지 않고 세계 최빈곤 국가에서 산업화와 민주화를 성공적으로 이루어냈다. 1964년 수출 1억 불에 불과하던 빈곤 국가에서 이제 수출 7,000억 달러에 달하는 수출 세계 7위의 국가로, 면적은 세계 107위의 작은 국가이지만 GDP 기준 세계 10위권의 경제발전 국가로 성장했다.

　성공적 국가 발전의 뒷면에는 훌륭한 지도자들의 과학기술 투자와 발전에 대한 혜안도 있었고, 동시에 수많은 국민과 근로자의 땀과 노력이 있었던 것도 사실이다. 그러나 빼놓을 수 없는 또 하나의 중요한 요소는 바로 어떠한 희생을 치르더라도 자식은 가르쳐야 한다는 우리 국민의 뜨거운 교육열이 큰 역할을 했다는 것이다.

그러나 이제는 과거의 노력과 열의만 가지고는 되지 않는 시대가 되었다. 시대가 급변하고 있다. 국내외 경제가 저성장 기조에 허덕이고 있고 특히 최근의 수출부진 그리고 최악의 저출산율과 가파른 고령화 사회로 이동함으로써 국가의 경쟁력과 활력이 떨어지고 있다.

20세기 후반은 컴퓨터와 인터넷 기반의 지식정보 혁명으로 요약되는 제3차산업혁명의 시대였다. 21세기로 넘어오면서 인공지능AI, 사물인터넷IOT, 빅데이터, 클라우드 컴퓨팅, 로봇, 3D 프린팅 등의 기술을 기반으로 하는 초지능super-intelligence과 초연결hyper-connectivity로 특징지어지는 제4차산업혁명 시대가 도래되었다.

4차산업혁명 시대의 특성은 첫째 속도velocity 면에서 선형적인 속도가 아닌 기하급수적인 속도의 기술 진보가 이루어진다는 점, 둘째 범위scope 면에서 모든 나라, 모든 산업에 걸쳐 기존의 틀을 파괴한다는 점, 셋째 파급효과impact 면에서 생산시스템, 관리시스템, 지배구조시스템 전반의 대변환이 온다는 점 등이다. 특히 전 세계적으로 초·중·고는 물론 대학의 개학까지 수 개월간 연기시키고 인터넷으로 온라인 개학을 하게 만든 코로나19 사태는 4차산업혁명 시대의 교육 변화를 더욱더 가속화시켰다.

4차산업혁명 시대의 교육은 기존의 지식을 주입하는 주입식 교육에서 창조적 학습 능력을 키우는 교육으로 바뀌어야 한다.

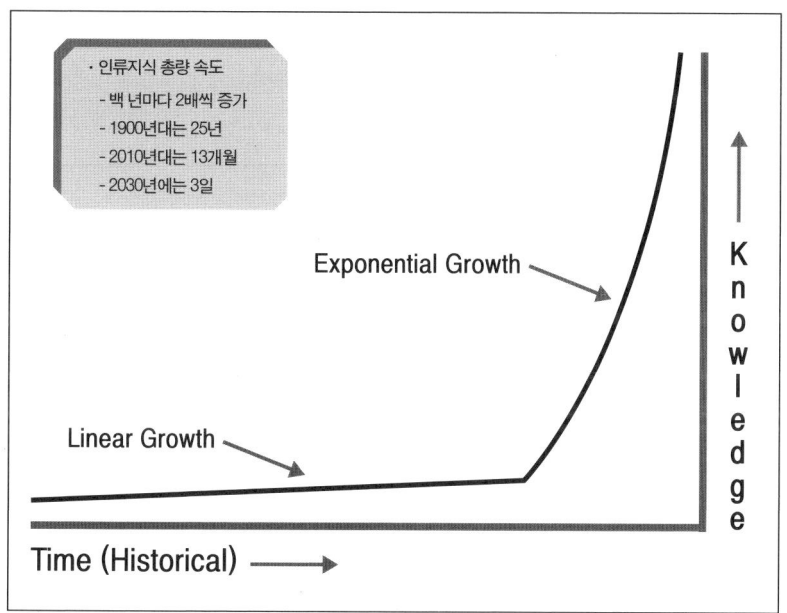

・인류지식 총량 속도
- 백 년마다 2배씩 증가
- 1900년대는 25년
- 2010년대는 13개월
- 2030년에는 3일

Exponential Growth

Linear Growth

Time (Historical) ⟶

K
n
o
w
l
e
d
g
e

〈자료 1〉 버크민스터 풀러, 지식 두 배 곡선(Knowledge Doubling Curve) 출처: Critical Path, 1982

왜냐하면 〈자료 1〉에서 보는 바와 같이 100년마다 2배씩 증가하던 인류 지식의 총량 속도가 머지않아 2030년도 즈음에는 단 3일 만에 이루어질 것이기 때문이다. 그러므로 미래 교육의 방향은 학생들에게 창의성creativity, 의사소통 능력communication skills, 협업 능력teamwork/collaboration, 그리고 훌륭한 인성character을 잘 길러 키워주는 방향으로 가야 한다.

4차산업혁명 시대의 교육 방향은 다음과 같이 정리할 수 있겠다. 4차산업혁명 시대는 지식과 과학기술의 발달로 인하여 지금까지 없던 새로운 일자리가 계속해서 더 많이 생겨날 전망이다. 또한 지구상의

각 나라는 존재한다 하더라도 지구 전체가 초연결된 하나의 지구촌, 즉 하나의 공동사회global community화 됨으로써 지구상의 문제는 개별 나라의 문제인 동시에 지구촌 가족 전체의 문제가 되기 때문에 그 일자리들은 과거보다 훨씬 더 많은 창의성과 협업 능력을 요구할 것이다. 협업이 잘 이루어지려면 원활한 의사소통 기술과 소프트웨어 활용 기술이 요구된다. 그러면 4차산업혁명 시대에 학생들에게 어떤 능력을 길러줘야 할지에 대한 답은 쉽게 얻을 수 있다.

① 창의적 사고 능력, 협업 능력, 의사소통 능력의 함양이 필요하다.

② 긍정적 마인드를 키워주는 교육이 필요하다. 4차산업혁명 시대는 독특한 창의성과 다양성을 중시하기 때문에 자신이 정말 즐거움에서 하는 일이 유망한 직종이 될 것이라는 믿음과 희망, 그리고 용기를 심어주는 교육이 필요하다.

③ 남을 배려하고 존중하며 공감할 수 있는 감성과 정서, 그리고 서로 다른 생각과 주장을 조화reconcile할 수 있는 능력과 가치를 함양시켜 주는 인성 교육이 매우 중요하다.

④ 주입식 지식습득 교육이 아니라 프로젝트 중심의 토론하고 의사소통을 하며 협업해서 해결 방안을 찾아가는 체험적이고 직접 참여하는, 그래서 문제해결 능력을 키우는 교육이 필요하다.

⑤ 원격교육 시대에 대비한 학년별·수준별 소프트웨어 기술교

육 및 코딩coding 교육이 필요하다. 앞으로 교육이 원격교육의 형태로 이루어지게 되면 컴퓨터 및 정보 활용 기술에 따라 학생 간의 교육격차가 심화될 수 있다. 원격교육이 대세가 되면 온라인상에서 원격으로 예습과 복습이 이루어지며, 교실 수업에서는 활발한 질문과 토론, 그리고 온라인으로 다루지 못했던 실험 실습 등이 많이 이루어질 것으로 예측된다.

학생과 교원과 학부모를 위한 제안

◆ 교육, 세 세대를 위한 약속

교육은 언제나 한 사회의 미래를 비추는 등불이다. 그 빛은 교실 안의 작은 책상 위에서 시작되어, 가정과 공동체, 그리고 국가의 운명을 바꾼다. 한 아이가 교실에서 품은 꿈은 한 가정의 내일을 바꾸고, 한 교사가 교단에서 흘린 땀방울은 한 세대의 희망을 키워내며, 학부모가 학교에 품은 믿음은 교육 공동체 전체를 지탱하는 뿌리가 된다.

그래서 교육은 결코 한 주체의 노력만으로 완성되지 않는다. 학생·교사·학부모라는 세 축이 조화를 이루어야만 교육의 바다에 바람이 불고, 나아갈 돛이 세워진다. 나는 이 세 축을 "희망의 삼각형"이라 부른다. 이 삼각형이 무너지지 않을 때, 우리 아이들의 배움은 온전히 꽃피울 수 있다.

1. 학생에게는 꿈과 용기를

　교육의 첫 번째 주인은 학생이다. 학생이 배우는 기쁨을 느끼지 못한다면 교육은 껍데기에 불과하다. 나는 늘 이렇게 말해왔다. **"교육은 지식을 주입하는 행위가 아니라, 아이의 눈 속에 별을 심어주는 일이다."**

　학생이 교실에서 두려움 대신 설렘을 느낄 수 있어야 한다. 실수는 좌절의 낙인이 아니라 성장의 징검다리임을, 도전은 실패의 위험이 아니라 성취의 가능성임을 알려주어야 한다. 그럴 때 비로소 학생은 자신 안에 숨어 있던 재능을 발견하고, 그 재능을 세상과 나눌 용기를 얻는다.

　교육은 아이에게 날개를 달아주는 일이다. 시험 성적이라는 좁은 울타리에 가두는 것이 아니라, 아이의 마음에 "너는 할 수 있다."라는 믿음을 새겨주는 것이어야 한다. 교실은 두려움의 공간이 아니라 꿈의 발사대가 되어야 한다.

2. 교사에게는 보람과 긍지를

　학생이 별을 품는 순간, 그 곁에는 언제나 교사가 있다. 교사는 지식을 가르치는 존재를 넘어, 아이의 삶을 안내하는 길잡이이며 때로는 세상에서 가장 든든한 버팀목이다. 그러나 교사가 자신의 사명을 다하기 위해서는, 그 헌신이 존중받는 제도적 장치가 반드시 마련되어야 한다.

나는 국회의원으로 일하던 시절, 평생교육 교사들이 일반 교사와 동등한 법적 지위를 보장받을 수 있도록 법을 개정했던 일을 잊을 수 없다. 그것은 단순한 법 조항의 수정이 아니라, "당신의 땀이 결코 헛되지 않는다."라는 사회적 선언이었다. 교사가 교단에 설 때 보람과 긍지를 느끼게 하는 것, 그것이 바로 교육정책의 출발점이어야 한다.

교사의 어깨 위에 놓인 분필 가루는 단순한 가루가 아니다. 그것은 미래를 설계하는 청사진이자, 한 사회의 운명을 바꾸는 설계도다. 교사에게 존경과 보람을 돌려주는 사회만이, 다음 세대를 올곧게 세울 수 있다.

3. 학부모에게는 신뢰와 안심을

학생이 학교에 발걸음을 내디딜 때, 학부모의 마음은 늘 두 갈래 길 위에 선다. "우리 아이가 안전할까? 건강하게 자라날 수 있을까?" 학부모의 이 근본적인 물음에 교육은 명확히 대답해야 한다.

학교는 지식의 전당일 뿐 아니라, **안전과 건강의 성채**가 되어야 한다. 아이들이 폭력과 위험으로부터 보호받고, 건강한 심신을 기를 수 있도록 제도와 정책이 뒷받침되어야 한다. 학부모가 학교를 신뢰하지 못한다면, 교육은 뿌리부터 흔들린다.

학부모의 신뢰는 교육의 토양과 같다. 비옥한 토양에서만 씨앗이 싹트듯, 학부모가 학교를 믿을 때 아이는 안심 속에서 배움에 집중할 수 있다. 교육정책은 반드시 학부모가 믿고 맡길 수 있는 학교를 만드는 데서 시작되어야 한다.

◆ 교육, 희망의 삼각형

학생에게는 **꿈과 용기**를, 교사에게는 **보람과 긍지**를, 학부모에게는 **신뢰와 안심**을 주는 교육. 이것이 내가 바라는 교육의 본모습이다.

교육은 단순한 제도가 아니다. 그것은 한 사회가 미래와 맺는 약속이며, 오늘을 사는 우리가 내일의 세대에게 건네는 유산이다. 교육이 무너지면 국가는 흔들리고, 교육이 바로 서면 국가는 우뚝 선다.

나는 믿는다. 아이가 웃을 때, 교사가 존중받을 때, 학부모가 안심할 때, 그 사회는 비로소 행복한 미래로 나아간다는 것을. 이것이 바로 내가 평생을 걸어 추구해 온 교육의 길이며, 앞으로도 이어가야 할 사명이다.

출 생	1952년 3월 12일 경남 통영시	
주요 학력	1972~1977	중앙대학교 사범대 영어교육과 학사BA
	1979~1980	미국 캔자스주 Fort Hays State University 석사MS 교육행정학
	1981~1983	미국 Kansas State University 박사Ph. D. 교육행정학
	2014. 2	경상대학교 명예정치학 박사Ph. D.
주요 저서		『교육행정 및 경영』, 형설출판사
		『교육선진화를 꿈꾸며』, 공저, 학지사
		『역경은 축복이다』, 중앙books
		『동행』, 에디터
		『4차산업혁명과 한국교육의 미래』, 신서원
주요 교육 경력	1977~1978	경남 마산여중 교사
	1978~1979	서울장훈고 교사
	1980	미국 캔자스주 토마스모어고등학교Thomas More Prep School 교장
		인턴 6개월과정Principal Internship: Practicum 수료
	1983~1984	한국교육개발원KEDI 책임연구원, 교육정책연구실장
	1984~2003	한국과학기술원KAIST 교수, 인문사회과학부 학부장
	2003~2004	중앙대학교 교육대학원 교수
	2001~2004	한국교원단체총연합회 회장
	2002~2003	대통령 김대중 직속 교육인적자원기획위원
		전국 광역시·도 교육청 평가위원 1998, 교육부
		전국 국책공대 심사위원 1994, 교육부
		전국정보화우수대학 심사위원장 정보통신부

국회 주요 의정 활동	제17대	국회 교육위원회 간사 2004~2006
		한나라당 제5정책조정위원장 2005~2006
	제18대	한나라당 중앙위 의장 2008~2010
		원내 수석 및 국회운영위 간사 2010~2011
		새누리당 경남도당 위원장 2011~2012
	제19대	국회윤리위 위원장 2012~2013
		국회예산결산위 위원장 2013~2014
		새누리당 사무총장 2014~2015
		새누리당 교육개혁특위 위원장 2015~2016
	제20대	20대 국회의원 총선 새누리당 중앙선대위 총괄본부장 2016

부록

개인의 역경은 단순한 불운이 아니라
배움의 기회이자 성장의 자양분이다.
교육 역시 마찬가지다.
어려움 속에서 배움을 갈망하는 힘이 생기고,
이는 결국 더 큰 성취로 이어진다.

이군현 박사의
교육칼럼 25-1

자녀교육은 시범과 칭찬, 그리고 믿음으로(Ⅰ)

향수를 팔고 있는 상점에 들어가면 향수를 사지 않아도 몸에서 향기가 나기 마련이다. 오랜 시간 교육학을 배우고 지금은 가르치는 위치에까지 왔지만, 자녀 교육에 있어서 최선의 방법을 잘 표현하기란 어려울 것 같다. 가장 간단하면서도, 가장 어려운 방법이 바로 아이가 저절로 보고 배울수 있도록 자연스럽게 분위기를 만들어 주는 것이 아닐까 싶다. 그렇다고 너도 나도 학교 옆으로 이사를 가자는 것은 아니다. 오히려 자녀 교육에 관심이 지대한지라 괜한 오해로 학교 주변 땅값만 올리는 결과를 초래할까 봐 두렵다.

필자의 생각엔 부모가 자신의 삶에 충실한 모습을 보여주는 것이 꼭 필요하다고 본다. 콩나물

을 기를 때 매일 물을 주는 일만큼 쉬우면서도 중요한 일이 없는 것처럼, 부모가 자녀를 기를 때도 자신의 부모에게 효를 다하고 그 날그날 자신의 소임에 최선을 다하는 것만큼 중요한 일이 없는 것 같다.

콩나물을 키워본 사람은 콩 시루에 매일매일 한 바가지씩 물을 주어도 밑으로 다 빠져나가고 좀처럼 콩나물은 반응이 없다는 것을……, 알 것이다. 하지만 어느샌가 시루를 꽉 채운 실한 콩나물을 보면 그 노력이 헛된 것이 아니라는 것도 알고 있을 것이다.

아이들도 마찬가지이다. 평상시 반복되는 부모의 행동이 아이들을 만든다. 언제부터 시작하여 언제까지, 어떤 목표를 가지고 어

떻게 하는 것이 아니라 매일매일 습관처럼 익히고 즐기며 삶에 녹아드는 것이 진정한 의미의 교육이다. 아이들 앞에서 승낙만 조심스레 마시길 말고, 모든 행동을 신중하게 생각하고 당당하게 행동하는 부모이어야 한다는 것이다.

하지만 요즘 부모들 마음이 어찌 그 정도로 만족하겠는가? 귀한 자식을 콩나물 따위에 비교하느냐고 나무랄지도 모르겠다. 하지만 아이가 클수록 나를 닮아가는 모습을 보면서 가장 기본이 되는 것이 그런 자세가 아닐까 해서 먼저 적었다. 그런 기본이 마련된 뒤에야 좀 더 맛나고 영양 있는 양분을 제공하는 것이 효과를 볼 수 있지 않겠는가?

다음으로 아이에게 꼭 해주어야

할 것은 가능성을 일깨워주는 것이라고 본다. 아이의 몸에 잠자고 있는 재능을 스스로 깨달을 수 있도록 밖에서 두드려주는 역할 정도는 해주어야 할 것이다. 그것은 아이에게서 새로운 것을 발견하는 부모의 재미와 스스로 자신감을 가지고 성장하는 아이 모두에게 보람된 일이어야 한다. 지나친 것은 모자람만 못한 법 "엄마! 과외 좀 그만 시켜주세요."라는 아이의 말에서 알 수 있듯이 너무 많은 것을 강요하는 것은 바람직하지 못하다. 무슨 일이든지 억지로 해서 제대로 되는 일은 없다. 부모와 함께하는 체험을 통해서, 아니면 적어도 책을 통해서 자신의 적성에 자발적으로 접근할 수 있도록 배려해주어야 할 것이다.

이균현 박사의
교육칼럼 25-1

자녀교육은 시범과 칭찬, 그리고 믿음으로(Ⅱ)

자녀교육에서 중요한 또 다른 한 가지는 칭찬이다. 아이가 새로운 것을 시도하고 노력하는 자세를 갖게 하는데 칭찬만큼 좋은 가르침은 없다. 작은 성취감을 맛본 아이는 좀 더 큰 도전을 하려고 한다. 구박만 받고 자란 아이는 어디서든 움츠러들기 마련이다.

그렇다고 무턱대고 '오냐오냐', '잘했다'라는 것은 안된다. 옳은 행동과 그렇지 못한 행동에 대한 명확한 기준이 있어야 한다. 칭찬만 보고 '잘했다'가 아니라, 동기가 옳고 과정이 어떠했는지를 중요시해야 할 것이다. 아이가 과정의 중요성을 깨닫고, 자기 자신이 얻는 결과에만 비중을 두는 것

이 아니라 남에게 피해를 주는 방법을 택한 것은 아닌지? 반성하게 해야 한다.

옳은 동기와 정직한 노력의 결과가 만족스럽지 못해나온다 부모 마음은 아이의 노력에 칭찬을 아끼지 말아야 한다. 그렇게 함으로써 훈이 담긴 노력은 결코 배신하지 않는다는 사실을 알게 된다면 어떠한 어려움, 절망에서도 이겨 낼 수 있게 될 것이다.

어떠한 어려움과 절망에서도 일어설 수 있게 되는 것은 어떠한 굳은 결의보다 강한 낙천적 사고를 키우는 길이기도 하다. 또한, 이 믿음을 따져 친구를 사귀는 소인이 아니라 의로써 벗을 얻는 그릇

이 될 수 있게 하는 길이기도 하다.

자녀교육에서 마지막으로 하나 더 당부하고 싶은 것은 믿음이다. 모든 인간관계에서 제일 중요한 것이 믿음이라는 내 신념에서 나온 생각이지만, 어쨌든 가정 안에서의 신뢰는 아무리 강조해도 부족하다. '나는 이렇게 해야 한다.' '그러면 안 된다.' 등등 부모들은 수없이 많은 충고를 하게 된다. 다 자식 잘 되라고 ···· 하지만 철없는 아이들에게 그런 것은 잔소리일 뿐이다.

'너를 믿고 있다.'라는 것을 소리없이 보여주도록 노력하면, 부모의 그러한 믿음은 올바르기 되

어 자식이 바르지 못한 길로 일탈하는 것을 막아줄 것이다. 또 자식이 마라톤과 같은 장시간의 레이스(race)를 달리고 있다면 페이스(pace)를 잃지 않게 하고, 속력을 내할 수 있게 하는 채찍질의 역할을 할 것이다.

아직 나(필자)의 자식 농사는 많은 날을 필요로 하는 여름에 불과하다. 그런 내가 감히 자녀교육에 대한 개인적인 생각을 여러 사람이 보는 지면에 소신껏 말할 수 있는 것은 나 역시 부모에게서 배운 믿음으로 나의 노력이 결코, 헛되지 않을 것이라고 믿기 때문이다.

대경상고 총학생회장 시절 간부회의 주재
대경상고 총학생회 연대장 시절 교련 훈련하는 모습 (선두 이군현)

토마스 모어TOMAS More Prep. School. 교장 인턴 시절 체육 시간 학생들과 함께 미식축구 연습장에서

미국 유학 시절 석사 과정 시 학교 앞

■ 미국 캔자스 주립대학교 박사 졸업식, 지도 교수Charles Litz와 함께
■ 미국 유학 시절 박사 학위 취득시 함께한 지도 교수 내외 분과 함께

신혼여행 시, 충무 관광호텔 잔디밭에서
수유리 아카데미 하우스에서 결혼식 때

결혼 후 사랑하는 아내와의 망중한
미국 유학 시절 아들, 아내와 함께 크리스마스 기념

미국 유학 시 가족과 함께 단란한 한때 ▮
캔자스 주립대 박사 학위 졸업식, 가족과 함께 ▮

■ 유학 시절 학비 마련을 위해 캐나다에서 가족과 함께한 3개월
■ 세계영재학회 세미나에서 외국 교수들과 담소

전국 우수 과학 교사 해외 연수 시 인솔 단장
국제 청소년 물리 경연 대회 참석

■ 미국 수학, 과학 고등학교 방문 시 인솔단장으로 참석
■ 일본교총 (일교조) 전국대회 시 한국 대표로 축사하는 모습

과학영재 육성을 위한 교육자 워크숍, 카이스트 강당에서
영재 학회 국제 세미나에서 연구 주제 발표하는 모습

■ 한국교총 제30대 회장 취임, 최연소 당선 (49세)
■ 연사 김중권 (김대중) 대통령 비서실장, 한나라당 이회창 총재 축사 방문

국회 예결위원장 시, 국무총리 (정홍원) 와 함께
국회예결위원장 때 인터뷰

■ 반기문 UN 사무총장 면담 (UN 본부, 2015.07.30.)
■ 미치 매코널Mitch McConnell 상원 공화당 원내대표 면담 (2015.07.28)

존 매케인John McCain 상원 군사위원장 면담 (2015.7.27.)
한국교총회장으로서 김대중 대통령 면담 때(청와대 접견실에서)

조지 W 부시 미국 대통령이 이명박 대통령 예방 후 미국 텍사스로 출국전 인천공항 귀빈실에서 담소 중
2007년 대선 승리 후 대통령 취임식 하기 전 당선인 이명박과 함께(대선 조직상황실장으로 활동)

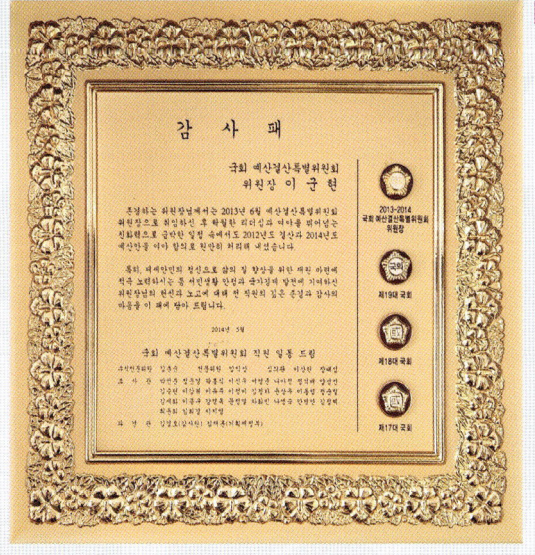

교육학 대백과사전 집필 위원으로 참여함
국회 예산결산위원회 위원장 시절 받은 감사패

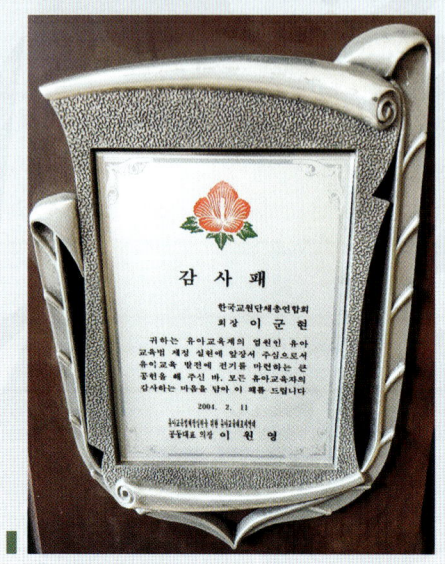

한국교원단체 총연합회 회장 시절, 〈유아교육법〉 제정 공로로 받은 감사패